Torte e Dolci per Ogni Occasione

Un Viaggio Goloso nel Mondo dei Dolci Fatti in Casa

Federica Bianchi

sommario

Teglia da forno alla fragola e cocco 11

Barrette di zucchero di canna alla banana 13

Barrette di girasole e noci 14

quadrati di caramelle 15

vassoio di caramelle 16

Cheesecake alle albicocche 17

cheesecake all'avocado 19

Cheesecake alla banana 20

Cheesecake caraibica leggera 21

Cheesecake alle amarene 22

Cheesecake al cocco e albicocca 23

cheesecake ai mirtilli 24

cheesecake allo zenzero 25

Cheesecake zenzero e limone 26

Cheesecake alle nocciole e miele 27

Cheesecake ai ribes e zenzero 28

Cheesecake leggera al limone 30

Cheesecake al limone e muesli 32

torta di formaggio al mandarino 33

Cheesecake al limone e noci 34

cheesecake al lime 36

Cheesecake San Clemente 37

Pashka 38

Cheesecake leggera all'ananas 39
cheesecake all'ananas 40
cheesecake all'uvetta 42
cheesecake al lampone 43
Torta Siciliana 44
Cheesecake glassata allo yogurt 45
Cheesecake alla fragola 47
Cheesecake all'uva sultanina e brandy 48
Cheesecake al forno 50
Barrette di cheesecake al forno 51
torta di formaggio americana 52
Cheesecake di mele al forno olandese 53
Cheesecake albicocca e nocciole al forno 55
Cheesecake albicocca e arancia al forno 56
Cheesecake di albicocche e ricotta al forno 58
torta di formaggio di Boston 59
Cheesecake caraibica al forno 60
Cheesecake Al Cioccolato Al Forno 62
Cheesecake al cioccolato e noci 63
torta di formaggio tedesca 64
Cheesecake al liquore alla crema irlandese 66
Cheesecake americana al limone e noci 68
cheesecake all'arancia 69
Cheesecake alla ricotta 70
Formaggio al forno a strati e cheesecake alla panna acida 72
Cheesecake leggera al forno con uvetta 74
Cheesecake alla vaniglia leggera al forno 75

Cheesecake Al Cioccolato Bianco Al Forno 76
Cheesecake al cioccolato bianco e nocciole 77
Cheesecake al wafer al cioccolato bianco 79
Massa spezzata 80
pasta frolla all'olio 81
ricca pasta frolla 82
pasta al burro americana 83
pasta al formaggio 84
pasta choux 85
Sfoglia 86
Sfoglia 88
pasta sfoglia cruda 89
paté sucrée 90
Panini alla crema 91
Bignè al mandarino con formaggio 92
bignè al cioccolato 93
profiteroles 94
Pasta sfoglia alle mandorle e pesche 96
Mulini a vento di mele 98
corna color crema 99
feuilleté 100
Torte ripiene di ricotta 101
bignè alle noci pecan 102
pasticcini danesi 103
Pretzel di compleanno danese 104
Lumache di pasticceria danese 106
Trecce di pasta danese 107

Mulini a vento della pasticceria danese 108
torte di mandorle 109
Custodia base per pan di spagna 110
Torta di mandorle 111
Torta di mele e arance del XVIII secolo 112
torta di mele tedesca 113
torta di mele con miele 115
torta di arance e marsala 117
Torta di pesche e pere 119
torta morbida all'ananas 120
Torta di ciliegie all'ananas 121
Torta di Natale all'ananas 122
ananas capovolto 123
Torta ananas e noci 124
torta di lamponi 125
Tortino al Rabarbaro 126
torta al rabarbaro e miele 127
torta di barbabietole 128
Torta di banane e carote 129
Torta di mele e carote 130
Torta di carote e cannella 131
Torta di carote e zucchine 132
torta di carote e zenzero 133
Torta di carote e noci 134
Torta di carote, arance e noci 135
Torta di carote, ananas e cocco 136
Torta di carote e pistacchio 137

Torta di carote e noci 138

Torta Di Carote Speziata 139

Torta di carote e zucchero di canna 141

Torta di zucchine e zucca 143

Torta di zucchine e arance 144

Torta di zucchine speziata 145

Torta alla zucca 147

Torta di zucca con frutta 148

Rotolo di spezie alla zucca 149

torta al rabarbaro e miele 151

tortino di patate dolci 152

Torta di mandorle italiana 154

Torta di mandorle e caffè 155

Torta di mandorle e miele 156

Torta al limone e mandorle 157

Torta di Mandorle all'Arancia 158

ricca torta di mandorle 159

Torta di maccheroni svedese 160

pane al cocco 161

torta al cocco 162

torta al cocco dorata 163

Torta ricoperta di cocco 164

torta cocco e limone 165

Torta al cocco di Capodanno 166

Torta cocco e uvetta 167

torta croccante alle noci 168

Torta Di Noci Miste 169

torta di noci greca 170

torta gelato alle noci 172

Torta di noci con crema al cioccolato 173

Torta di noci con miele e cannella 174

Barrette di mandorle e miele 176

Barrette sbriciolate di mele e ribes nero 178

Barrette di albicocca e avena 179

Crostata Di Albicocche 180

Barrette di banana con noci 181

Brownies americani 182

Cioccolato fondente brownies 183

Brownies al cioccolato e noci 184

Barrette di burro 185

vassoio di ciliegie e caramello 186

vassoio con scaglie di cioccolato 187

strato di crumble alla cannella 188

bastoncini di cannella appiccicosi 189

barrette al cocco 190

Panini al cocco e marmellata 191

Teglia da forno con datteri e mele 192

fette di datteri 193

Bar per incontri con la nonna 194

Barrette di datteri e avena 195

Barrette di data e noce 196

barrette di fichi 197

frittelle 198

frittelle di ciliegie 199

- frittella al cioccolato 200
- frittelle di frutta 201
- Frittelle di frutta e noci 202
- Flapjacks Di Pan Di Zenzero 203
- Frittelle di noci 204
- Frollini taglienti al limone 205
- Quadrati Moka Al Cocco 206
- Ciao Dolly Biscotti 208
- Barrette di cocco con noci e cioccolato 209
- quadretti di noce 210
- Fette di arancia noce 211
- Biscotto 212
- barrette al burro di arachidi 213
- fette da picnic 214
- Barrette di ananas e cocco 215
- torta di lievito di prugne 216
- barrette di zucca americane 218

Teglia da forno alla fragola e cocco

Fa 16

Per l'impasto (pasta):

50 g / 2 once / ¼ di tazza di strutto (ghee)

50 g / 2 once / ¼ di tazza di burro o margarina

200 g / 7 oz / 1¾ tazza di farina semplice (per tutti gli usi)

Circa 15 ml / 1 cucchiaio d'acqua

225 g / 8 once / 2/3 tazza di marmellata di fragole (riserva)

Per il ripieno:

175 g / 6 once / ¾ tazza di burro o margarina, ammorbidito

175 g / 6 once / ¾ tazza di zucchero a velo (superfino)

3 uova, leggermente sbattute

15 ml / 1 cucchiaio di farina semplice (per tutti gli usi)

scorza grattugiata di 1 limone

225 g / 8 once / 2 tazze di cocco essiccato (tritato)

Per fare l'impasto, strofinare lo strutto e il burro o la margarina nella farina fino a quando il composto non assomiglia al pangrattato. Mescolare abbastanza acqua per formare un impasto, stenderlo su una superficie leggermente infarinata e utilizzare per rivestire il fondo e i lati di una teglia Swiss Roll da 30 x 20 cm / 12 x 8 pollici (teglia per rotoli di gelatina). Bucherellare il tutto con una forchetta. Prenota i contorni. Stendere l'impasto con la marmellata.

Per fare il ripieno, unisci il burro o la margarina e lo zucchero fino a ottenere un composto chiaro e spumoso. A poco a poco sbattete le uova, poi aggiungete la farina e la scorza di limone. Aggiungi il cocco. Distribuire sopra la marmellata, sigillando i bordi alla pasta. Stendere i ritagli di pasta e creare un reticolo sulla parte superiore della teglia. Cuocere in forno preriscaldato a 190°C/375°F/gas mark 5 per 30 minuti fino a doratura. Tagliare a quadrati quando è freddo.

Barrette di zucchero di canna alla banana

12 fa

75 g / 3 once / 1/3 di tazza di burro o margarina

225 g / 8 once / 1 tazza di zucchero di canna morbido

1 uovo grande, leggermente sbattuto

150 g / 5 once / 1¼ tazze di farina semplice (per tutti gli usi)

5 ml / 1 cucchiaino di lievito in polvere

un pizzico di sale

100 g / 4 once / 1 tazza di gocce di cioccolato

50 g / 2 once / ½ tazza di chips di piantaggine essiccate, tritate grossolanamente

Sciogliere il burro o la margarina, quindi togliere dal fuoco e aggiungere lo zucchero. Lascia raffreddare finché non è tiepido. Sbattere gradualmente l'uovo, quindi aggiungere gli altri ingredienti per ottenere un impasto abbastanza duro. Se è troppo duro, aggiungi un po 'di latte. Versare in una tortiera quadrata unta da 18 cm/7 pollici e cuocere in forno preriscaldato a 140°C/275°F/gas mark 1 per 1 ora fino a quando non diventa croccante in cima. . Lasciare nella teglia fino a quando non è caldo, quindi tagliare a barrette e sollevarle per terminare il raffreddamento su una gratella. La miscela sarà piuttosto appiccicosa fino a quando non si raffredda.

Barrette di girasole e noci

18 fa

150 g / 5 once / 2/3 tazza di burro o margarina

45 ml / 3 cucchiai di miele chiaro

Qualche goccia di essenza di mandorla (estratto)

275 g / 10 once / 2½ tazze di fiocchi d'avena

25 g / 1 oz / ¼ di tazza di mandorle a lamelle (affettate)

25 g / 1 oz / 2 cucchiai di semi di girasole

25 g / 1 oz / 2 cucchiai di semi di sesamo

50 g / 2 once / 1/3 di tazza di uvetta

Sciogliere il burro o la margarina con il miele, quindi aggiungere tutti gli altri ingredienti e mescolare bene. Versare in una tortiera quadrata da 20 cm / 8 pollici imburrata e livellare la superficie. Premi delicatamente il composto. Cuocere in forno preriscaldato a 190°C/375°F/gas mark 5 per 20 minuti. Lasciare raffreddare leggermente, quindi tagliare a barrette e togliere dalla padella quando è fredda.

quadrati di caramelle

Fa 16

75 g / 3 once / ¾ tazza di farina semplice (per tutti gli usi)

50 g / 2 once / ¼ tazza di burro o margarina, ammorbidito

25 g / 1 oz / 2 cucchiai di zucchero di canna morbido

un pizzico di sale

1,5 ml / ¼ cucchiaino di bicarbonato di sodio (bicarbonato di sodio)

30 ml / 2 cucchiai di latte

Per il condimento:
75 g / 3 once / 1/3 di tazza di burro o margarina

75 g / 3 once / 1/3 di tazza di zucchero di canna morbido

25 g / 1 oz / ¼ di tazza di gocce di cioccolato

Mescolare tutti gli ingredienti della torta, aggiungendo il latte quanto basta per ottenere una consistenza liscia. Premere in una tortiera quadrata unta da 23 cm/9 pollici e cuocere in forno preriscaldato a 180°C/350°F/gas mark 4 per 15 minuti fino a doratura.

Per preparare la guarnizione, sciogliere il burro o la margarina e lo zucchero in una piccola casseruola, portare a ebollizione, quindi cuocere a fuoco lento per 2 minuti, mescolando continuamente. Versare sulla base e rimettere in forno per 5 minuti. Cospargere con le gocce di cioccolato e lasciarle ammorbidire nella copertura mentre la torta si raffredda. Tagliare a barrette.

vassoio di caramelle

Fa 16

100 g / 4 once / ½ tazza di burro o margarina, ammorbidito

100 g / 4 once / ½ tazza di zucchero di canna morbido

1 tuorlo d'uovo

50 g / 2 once / ½ tazza di farina semplice (per tutti gli usi)

50 g / 2 once / ½ tazza di fiocchi d'avena

Per il condimento:

100 g / 4 once / 1 tazza di cioccolato fondente (semidolce).

25 g / 1 oz / 2 cucchiai di burro o margarina

30 ml / 2 cucchiai di noci tritate

Sbattere il burro o la margarina, lo zucchero e il tuorlo d'uovo fino a che liscio. Aggiungere la farina e l'avena. Premere in una teglia unta da 30 x 20 cm / 12 x 8 pollici (teglia per rotoli di gelatina) e cuocere in forno preriscaldato a 190 ° C / 375 ° F / gas mark 5 per 20 minuti.

Per preparare la copertura, sciogliere il cioccolato e il burro o la margarina in una ciotola resistente al calore posta sopra una pentola di acqua bollente. Distribuire sopra il composto e cospargere con le noci. Lasciar raffreddare leggermente, quindi tagliare a barrette e lasciar raffreddare nello stampo.

Cheesecake alle albicocche

Fa una torta di 23 cm / 9 pollici

225 g / 8 once / 2 tazze di briciole di biscotti al pan di zenzero (biscotto)

30 ml / 2 cucchiai di zucchero di canna morbido

50 g / 2 once / ¼ di tazza di burro o margarina, sciolti

Per il ripieno:

15 g / ½ oz / 1 cucchiaio di gelatina in polvere

225 g / 8 once / 1 tazza di zucchero a velo (superfino)

250 ml / 8 fl oz / 1 tazza di sciroppo dalla lattina di albicocche

90 ml / 6 cucchiai di brandy o brandy di albicocche

45 ml / 3 cucchiai di succo di limone

4 uova, separate

450 g / 1 libbra / 2 tazze di formaggio morbido cremoso

250 ml / 8 fl oz / 1 tazza di panna montata

Per il condimento:

400 g / 14 once / 1 lattina grande Metà di albicocche sciroppate, scolate e conservate allo sciroppo

90 ml / 6 cucchiai di brandy di albicocche

30 ml / 2 cucchiai di farina di mais (amido di mais)

Mescolare le briciole di biscotti e lo zucchero di canna nel burro fuso e premere sul fondo di una tortiera a fondo largo da 23 cm. Cuocere in forno preriscaldato a 160°C/335°F/gas mark 3 per 10 minuti. Sfornate e lasciate raffreddare.

Per fare il ripieno frullare la gelatina e metà dello zucchero con lo sciroppo di albicocca, il brandy e il succo di limone. Cuocere a fuoco basso per circa 10 minuti, mescolando continuamente, fino a quando non si addensa. Aggiungere i tuorli d'uovo. Togliere dal fuoco e lasciare raffreddare leggermente. Sbattere il formaggio fino a che liscio. Mescolare lentamente la miscela di gelatina nel formaggio e raffreddare fino a quando non si addensa leggermente. Montare gli albumi a neve ferma, quindi aggiungere gradualmente lo zucchero rimanente fino a ottenere un composto sodo e lucido. Montare la panna a neve ferma. Piegare entrambi i composti nel formaggio e versare nella base cotta. Lasciare raffreddare per diverse ore fino a quando non si solidifica.

Disporre le metà delle albicocche sopra la cheesecake. Scaldare il brandy e la farina di mais insieme, mescolando fino a quando non diventa denso e chiaro. Lasciare raffreddare leggermente, quindi versare sopra le albicocche per glassare.

cheesecake all'avocado

Fa una torta di 20 cm / 8 pollici

225 g / 8 once / 2 tazze di briciole di cracker digestivi (graham cracker)

75 g / 3 once / 1/3 di tazza di burro o margarina, sciolti

Per il ripieno:

10 ml / 2 cucchiaini di gelatina in polvere

30 ml / 2 cucchiai d'acqua

2 avocado maturi

Succo di ½ limone

scorza grattugiata di 1 limone

100 g / 4 once / ½ tazza di formaggio cremoso

75 g / 3 once / 1/3 di tazza di zucchero a velo (superfino).

2 albumi d'uovo

300 ml / ½ pt / 1¼ tazze di panna montata o doppia (pesante).

Mescolare le briciole di cracker e il burro fuso o la margarina insieme e premere sul fondo e sui lati di una tortiera unta da 20 cm / 8 pollici a fondo libero. Freddo.

Cospargi la gelatina sull'acqua in una ciotola e lasciala fino a renderla spumosa. Metti la ciotola in una pentola con acqua calda e lasciala finché non si scioglie. Raffreddare leggermente. Sbucciare e snocciolare gli avocado e schiacciare la polpa con il succo di limone e la buccia. Sbattere il formaggio e lo zucchero. Aggiungere la gelatina sciolta. Montate gli albumi a neve ben ferma, quindi incorporateli al composto con un cucchiaio di metallo. Montate a neve ferma metà della panna e poi incorporatela al composto. Versare sopra la base di biscotti e mettere in frigo fino a quando non si solidifica.

Montare la panna rimanente a neve ben ferma e poi condirla in modo decorativo sopra la cheesecake.

Cheesecake alla banana

Fa una torta di 20 cm / 8 pollici

75 g / 3 once / 1/3 di tazza di burro o margarina, sciolti

175 g / 6 once / 1½ tazza di briciole di cracker digestivi (graham cracker)

Per il ripieno:

2 banane, schiacciate

350 g / 12 once / 1½ tazza di tofu compatto

100 g / 4 once / ½ tazza di ricotta

scorza grattugiata e succo di 1 limone

Fettine di limone per decorare

Mescolare il burro o la margarina e le briciole di biscotti e premere nella base di una tortiera unta da 20 cm a fondo largo. Sbattere tutti gli ingredienti per la copertura e adagiarli sulla base. Lasciare raffreddare per 4 ore prima di servire guarnendo con spicchi di limone.

Cheesecake caraibica leggera

Fa una torta di 20 cm / 8 pollici

75 g / 3 once / 1/3 di tazza di burro o margarina

175 g / 6 once / 1¾ tazze di farina semplice (per tutti gli usi)

un pizzico di sale

30 ml / 2 cucchiai di acqua fredda

400 g / 14 oz / 1 lattina grande di ananas, scolati e tritati

150 g / 5 once / 2/3 tazza di ricotta

2 uova, separate

15 ml / 1 cucchiaio di rum

Strofina il burro o la margarina nella farina e nel sale finché il composto non assomiglia al pangrattato. Mescolare abbastanza acqua per fare un impasto (pasta). Stendere e utilizzare per rivestire un anello per flan da 20 cm / 8 pollici. Mescolare ananas, formaggio, tuorli d'uovo e rum. Montare a neve ferma gli albumi, poi incorporarli al composto. Versare nella custodia (guscio). Cuocere in forno preriscaldato a 200°C/400°F/gas mark 6 per 20 minuti. Lasciate raffreddare nello stampo prima di sformare.

Cheesecake alle amarene

Fa una torta di 20 cm / 8 pollici

75 g / 3 once / 1/3 di tazza di burro o margarina, sciolti

175 g / 6 once / 1½ tazza di briciole di cracker digestivi (graham cracker)

Per il ripieno:

350 g / 12 once / 1½ tazza di tofu compatto

100 g / 4 once / ½ tazza di ricotta

scorza grattugiata e succo di 1 limone

400 g / 14 oz / 1 lattina grande amarene, scolate

Mescolare il burro o la margarina e le briciole di biscotti e premere nella base di una tortiera unta da 20 cm a fondo largo. Sbatti insieme il tofu, il formaggio, il succo di limone e la scorza, quindi aggiungi le ciliegie. Cucchiaio sulla base. Lasciate raffreddare per 4 ore prima di servire.

Cheesecake al cocco e albicocca

Fa una torta di 20 cm / 8 pollici

Per l'impasto:
200 g / 7 once / 1¾ tazze di cocco essiccato (tritato)

75 g / 3 once / 1/3 di tazza di burro o margarina, sciolti

Per il ripieno:
120 ml / 4 fl oz / ½ tazza di latte condensato

30 ml / 2 cucchiai di succo di limone

250 g / 9 once / 1 vaschetta di crema di formaggio

120 ml / 4 fl oz / ½ tazza di panna doppia (pesante)

Per il condimento:
5 ml / 1 cucchiaino di gelatina in polvere

30 ml / 2 cucchiai d'acqua

100 g / 4 oz / 1/3 di tazza di marmellata di albicocche (conserve), setacciata (colata)

30 ml / 2 cucchiai di zucchero a velo (superfino)

Tostare il cocco in una padella asciutta (padella) fino a doratura. Aggiungere il burro o la margarina, quindi premere bene il composto in una tortiera da 20 cm. Freddo.

Mescolare il latte condensato e il succo di limone, quindi aggiungere la crema di formaggio. Montate la panna a neve ferma e poi incorporatela al composto. Versare con un cucchiaio nella base di cocco.

Mescolare la gelatina e l'acqua in una piccola casseruola a fuoco molto basso e aggiungere la marmellata e lo zucchero per qualche minuto fino a quando diventa chiara e ben amalgamata. Versare sopra il ripieno, quindi lasciare raffreddare e raffreddare fino a quando non si solidifica.

cheesecake ai mirtilli

Fa una torta di 23 cm / 9 pollici

100 g / 4 once / 1 tazza di briciole di cracker digestivi (graham cracker)

50 g / 2 once / ¼ di tazza di burro o margarina, sciolti

8 once / 225 g di mirtilli, sciacquati e scolati

150 ml / ¼ pt / 2/3 tazza di acqua

150 g / 5 once / 2/3 tazza di zucchero a velo (superfino).

15 g / ½ oz / 1 cucchiaio di gelatina in polvere

60 ml / 4 cucchiai d'acqua

225 g / 8 once / 1 tazza di formaggio cremoso

175 g / 6 once / ¾ tazza di ricotta

5 ml / 1 cucchiaino di essenza di vaniglia (estratto)

Mescolare insieme le briciole di biscotti e il burro fuso e premere sul fondo di una tortiera a cerniera unta da 9/23 cm. Freddo.

Mettere i mirtilli, 150 ml di acqua e lo zucchero in una casseruola e portare a ebollizione. Far bollire per 10 minuti, mescolando di tanto in tanto. Cospargi la gelatina sopra i 60 ml/4 cucchiai di acqua in una ciotola e lasciala fino a renderla spumosa. Metti la ciotola in una pentola con acqua calda e lasciala finché non si scioglie. Aggiungere la gelatina alla miscela di mirtilli, togliere dal fuoco e lasciare raffreddare leggermente. Aggiungere i formaggi e l'essenza di vaniglia. Versate il composto sulla base e distribuitelo uniformemente. Lasciare raffreddare per diverse ore fino a quando non si solidifica.

cheesecake allo zenzero

Produce una torta da 900 g / 2 libbre

275 g / 10 once / 2½ tazze di briciole di biscotti al pan di zenzero (biscotto)

100 g / 4 once / ½ tazza di burro o margarina, sciolti

225 g / 8 once / 1 tazza di formaggio cremoso

150 ml / ¼ pt / 2/3 tazza di panna doppia (pesante)

100 g / 4 oz / ½ tazza di zucchero a velo (superfino)

15 ml / 1 cucchiaio di gambo di zenzero tritato

15 ml / 1 cucchiaio di brandy o sciroppo allo zenzero

2 uova, separate

succo di 1 limone

15 g / ½ oz / 1 cucchiaio di gelatina in polvere

Unite i biscotti al burro. Mescolare formaggio cremoso, panna, zucchero, zenzero e brandy o sciroppo di zenzero. Sbattere i tuorli d'uovo. Mettete il succo di limone in un pentolino e cospargete sopra la gelatina. Lasciare in ammollo per qualche minuto, quindi sciogliere a fuoco basso. Non bollire. Montare gli albumi a neve morbida. Aggiungi 15 ml / 1 cucchiaio al composto di formaggio. Piega con cura il resto. Versare metà del composto in uno stampo da plumcake da 900 g leggermente unto. Cospargere uniformemente con metà della miscela di biscotti. Aggiungi un altro strato delle rimanenti miscele di formaggio e cracker. Lascia raffreddare per diverse ore. Immergere la lattina in acqua bollente per pochi secondi, quindi coprire con un piatto e mettere da parte pronto per servire.

Cheesecake zenzero e limone

Fa una torta di 20 cm / 8 pollici

175 g / 6 once / 1½ tazza di briciole di biscotti al pan di zenzero (biscotti)

50 g / 2 once / ¼ di tazza di burro o margarina, sciolti

15 g / ½ oz / 1 cucchiaio di gelatina

30 ml / 2 cucchiai di acqua fredda

2 limoni

100 g / 4 once / ½ tazza di ricotta

100 g / 4 once / ½ tazza di formaggio cremoso

50 g / 2 oz / ¼ di tazza di zucchero a velo (superfino)

150 ml / ¼ pt / 2/3 tazza di yogurt bianco

150 ml / ¼ pt / 2/3 tazza di panna doppia (pesante)

Aggiungere le briciole di biscotti al burro o alla margarina. Premi il composto nella base di un anello per flan a fondo largo da 20 cm / 8 pollici. Cospargere la gelatina nell'acqua e poi scioglierla in una pentola di acqua calda. Tagliare tre strisce di scorza da un limone. Grattugiare la restante scorza di entrambi i limoni. Tagliare i limoni in quarti, rimuovere i semi e la pelle e frullare la polpa in un robot da cucina o frullatore. Aggiungere il formaggio e mescolare. Aggiungere lo zucchero, lo yogurt e la panna e mescolare ancora. Aggiungere la gelatina. Versare sulla base e mettere in frigo fino a quando non si solidifica. Decorate con la scorza di limone.

Cheesecake alle nocciole e miele

Fa una torta di 23 cm / 9 pollici

175 g / 6 once / 1½ tazza di briciole di cracker digestivi (graham cracker)

75 g / 3 once / 1/3 di tazza di burro o margarina, sciolti

100 g / 4 once / 1 tazza di nocciole

225 g / 8 once / 1 tazza di formaggio cremoso

60 ml / 4 cucchiai di miele chiaro

2 uova, separate

15 g / ½ oz / 1 cucchiaio di gelatina in polvere

30 ml / 2 cucchiai d'acqua

250 ml / 8 fl oz / 1 tazza di panna doppia (pesante)

Mescolare insieme le briciole di biscotti e il burro e premere sul fondo di una padella per crema pasticcera a fondo largo da 9 pollici / 23 cm. Tenete da parte delle nocciole per decorare e tritate il resto. Mescolare con la crema di formaggio, il miele e i tuorli d'uovo e sbattere bene. Nel frattempo, cospargi la gelatina nell'acqua e lascia riposare fino a renderla spumosa. Metti il contenitore in una pentola di acqua calda e mescola fino a quando non si scioglie. Aggiungere il composto di formaggio alla panna. Montare a neve ferma gli albumi e incorporarli delicatamente al composto. Versare sulla base e mettere in frigo fino a quando non si solidifica. Decorate con le nocciole intere.

Cheesecake ai ribes e zenzero

Fa una torta di 23 cm / 9 pollici

3 pezzi di gambo di zenzero, affettati sottili

50 g / 2 once / ¼ di tazza di zucchero semolato

75 ml / 5 cucchiai d'acqua

Ribes da 225 g / 8 once

50 g / 2 oz / ½ confezione di gelatina al gusto di lime (jella)

15 g / ½ oz / 1 cucchiaio di gelatina in polvere

Scorza grattugiata e succo di ½ limone

225 g / 8 once / 1 tazza di formaggio cremoso

75 g / 3 once / 1/3 di tazza di zucchero a velo (superfino).

2 uova, separate

300 ml / ½ pt / 1¼ tazze di panna doppia (pesante)

75 g / 3 once / 1/3 di tazza di burro o margarina, sciolti

175 g / 6 once / 1½ tazza di briciole di biscotti al pan di zenzero (biscotti)

Ungete e foderate un anello per sformato inferiore largo 23 cm. Posizionare il gambo di zenzero attorno al bordo della base. Sciogliere lo zucchero semolato nell'acqua in una casseruola, quindi portare a bollore. Aggiungere i ribes e cuocere a fuoco lento per circa 15 minuti finché sono teneri. Prelevare i ribes rossi dallo sciroppo con una schiumarola e adagiarli al centro della teglia preparata. Misurare lo sciroppo e portare a 275 ml / 9 fl oz / 1 tazza scarsa con acqua. Ritorna a ebollizione e aggiungi la gelatina fino a quando non si sarà sciolta. Togliere dal fuoco e lasciare fino a quando non inizia a cagliare. Versare sopra il ribes e raffreddare fino a quando non si solidifica.

Cospargi la gelatina su 45 ml / 3 cucchiai di succo di limone in una ciotola e lasciala fino a renderla spumosa. Metti la ciotola in una pentola con acqua calda e lasciala finché non si scioglie. Sbattere la crema di formaggio con la scorza di limone, lo zucchero a velo, i tuorli d'uovo, la gelatina e metà della panna. Montate la panna rimanente fino a renderla densa e poi incorporatela al composto. Montare a neve ferma gli albumi, poi incorporarli leggermente. Con un cucchiaio, metterli nello stampo e raffreddare fino a quando non si solidificano.

Mescolare il burro o la margarina e le briciole di biscotti e cospargere sulla cheesecake. Premere leggermente per rassodare la base. Raffreddare fino a quando non si ferma.

Immergete il fondo della tortiera in acqua calda per qualche secondo, passate un coltello attorno al bordo della cheesecake, quindi adagiatela su un piatto da portata.

Cheesecake leggera al limone

Fa una torta di 20 cm / 8 pollici

Per la base:
50 g / 2 once / ¼ di tazza di burro o margarina

50 g / 2 oz / ¼ di tazza di zucchero a velo (superfino)

100 g / 4 once / 1 tazza di briciole di cracker digestivi (graham cracker)

Per il ripieno:
225 g / 8 once / 1 tazza di formaggio a pasta molle intero

2 uova, separate

100 g / 4 oz / ½ tazza di zucchero a velo (superfino)

Scorza grattugiata di 3 limoni

150 ml / ¼ pt / 2/3 tazza di panna doppia (pesante)

succo di 1 limone

45 ml / 3 cucchiai d'acqua

15 g / ½ oz / 1 cucchiaio di gelatina in polvere

Per il condimento:
45 ml / 3 cucchiai di cagliata di limone

Per preparare la base sciogliere a fuoco basso il burro o la margarina e lo zucchero. Aggiungere le briciole di biscotti. Premere nella base di una tortiera da 20 cm / 8 pollici (stagno) e raffreddare in frigorifero.

Per fare il ripieno, ammorbidire il formaggio in una ciotola capiente. Sbattere i tuorli, metà dello zucchero, la scorza di limone e la panna. Mettete il succo di limone, l'acqua e la gelatina in una ciotola e fate sciogliere in una pentola di acqua calda. Sbattere con il composto di formaggio e lasciar riposare. Montare a neve ferma gli albumi, quindi aggiungere il resto dello zucchero a velo. Piegare leggermente ma completamente nella miscela di formaggio.

Posizionare sulla base e lisciare la superficie. Raffreddare da 3 a 4 ore fino al set. Spennellare con la cagliata di limone per finire.

Cheesecake al limone e muesli

Fa una torta di 20 cm / 8 pollici

175 g / 6 once / generoso 1 tazza di muesli

75 g / 3 once / 1/3 di tazza di burro o margarina, sciolti

Buccia finemente grattugiata e succo di 2 limoni

15 g / ½ oz / 1 cucchiaio di gelatina in polvere

225 g / 8 once / 1 tazza di formaggio cremoso

150 ml / ¼ pt / 2/3 tazza di yogurt bianco

60 ml / 4 cucchiai di miele chiaro

2 albumi d'uovo

Mescolare il muesli con il burro o la margarina e premere nella base di uno stampo per crema pasticcera (padella) unto a fondo libero da 20 cm. Raffreddare fino al set.

Preparare il succo di limone fino a 150 ml / ¼ pt / 2/3 di tazza con acqua. Cospargere la gelatina e lasciare riposare fino a quando non diventa morbida. Mettere la ciotola in una pentola di acqua calda e scaldare dolcemente fino a quando la gelatina non si sarà sciolta. Mescolare la scorza di limone, il formaggio, lo yogurt e il miele, quindi aggiungere la gelatina. Montare gli albumi a neve ben ferma, quindi incorporarli delicatamente al composto di cheesecake. Versare sopra la base e raffreddare fino a quando non si solidifica.

torta di formaggio al mandarino

Fa una torta di 20 cm / 8 pollici

200 g / 7 once / 1¾ tazza di briciole di cracker digestivo (graham cracker)

75 g / 3 once / 1/3 di tazza di burro o margarina, sciolti

Per il condimento:
275 g / 10 oz / 1 lattina grande di mandarini, scolati

15 g / ½ oz / 1 cucchiaio di gelatina in polvere

30 ml / 2 cucchiai di acqua calda

150 g / 5 once / 2/3 tazza di ricotta

150 ml / ¼ pt / 2/3 tazza di yogurt bianco

Mescolare le briciole di biscotti e il burro o la margarina e premere nella base di un anello per flan a fondo largo da 20 cm / 8 pollici. Freddo. Schiacciare i mandarini con il dorso di un cucchiaio. Cospargi la gelatina sull'acqua in una piccola ciotola e lasciala fino a renderla soffice. Metti il contenitore in una pentola di acqua bollente e lascialo finché non si scioglie. Mescolare i mandarini, la ricotta e lo yogurt. Aggiungere la gelatina. Versare il composto di ripieno sulla base e mettere in frigo fino a quando non si solidifica.

Cheesecake al limone e noci

Fa una torta di 20 cm / 8 pollici

Per la base:

225 g / 8 once / 2 tazze di briciole di cracker digestivi (graham cracker)

25 g / 1 oz / 2 cucchiai di zucchero a velo (superfino)

5 ml / 1 cucchiaino di cannella in polvere

50 g / 2 once / ¼ di tazza di burro o margarina, sciolti

Per il ripieno:

15 g / ½ oz / 1 cucchiaio di gelatina in polvere

30 ml / 2 cucchiai di acqua fredda

2 uova, separate

100 g / 4 oz / ½ tazza di zucchero a velo (superfino)

350 g / 12 oz / 1½ tazza di formaggio a pasta molle intero

scorza grattugiata e succo di 1 limone

150 ml / ¼ pt / 2/3 tazza di panna doppia (pesante)

25 g / 1 oz / ¼ di tazza di noci miste tritate

Aggiungi le briciole di biscotti, lo zucchero e la cannella nel burro o nella margarina. Premere nella base e sui lati di una teglia per crema pasticcera a fondo largo da 20 cm / 8 pollici (stampo). Freddo.

Per fare il ripieno, sciogliere la gelatina nell'acqua in una piccola ciotola. Mettere il contenitore in una pentola di acqua calda e mescolare fino a quando la gelatina si scioglie. Togliere dal fuoco e lasciare raffreddare leggermente. Sbattere i tuorli e lo zucchero. Metti la ciotola sopra una pentola di acqua bollente e continua a sbattere fino a quando il composto diventa denso e leggero. Togliere dal fuoco e battere fino a quando tiepido. Aggiungere il formaggio, la scorza di limone e il succo. Montare la panna a neve ben ferma, quindi incorporarla al composto con le noci.

Incorporare con cura la gelatina. Montare a neve ferma gli albumi, poi incorporarli al composto. Versare nella base e raffreddare per diverse ore o durante la notte prima di servire.

cheesecake al lime

Serve 8

Per la base:

40 g / 1½ oz / 2 cucchiai di miele chiaro

50 g / 2 once / ¼ di tazza di zucchero demerara

225 g / 8 once / 2 tazze di fiocchi d'avena

100 g / 4 once / ½ tazza di burro o margarina, sciolti

Per il ripieno:

225 g / 8 once / 1 tazza di quark

250 ml / 8 fl oz / 1 tazza di yogurt bianco

2 uova, separate

50 g / 2 oz / ¼ di tazza di zucchero a velo (superfino)

scorza grattugiata e succo di 2 lime

15 g / ½ oz / 1 cucchiaio di gelatina in polvere

30 ml / 2 cucchiai di acqua bollente

Aggiungi miele, zucchero demerara e avena al burro o alla margarina. Premere nella base di una tortiera da 20 cm unta (padella).

Per preparare il ripieno, mescolare insieme il quark, lo yogurt, i tuorli d'uovo, lo zucchero e la scorza di lime. Cospargi la gelatina con il succo di lime e l'acqua calda e lasciala sciogliere. Riscaldare su una ciotola di acqua calda fino a quando diventa traslucido, quindi aggiungere al composto e mescolare delicatamente fino a quando non inizia a solidificare. Sbattere gli albumi fino a formare picchi morbidi, quindi incorporarli al composto. Adagiate sulla base preparata e lasciate riposare.

Cheesecake San Clemente

Fa una torta di 20 cm / 8 pollici

50 g / 2 once / ¼ di tazza di burro o margarina

100 g / 4 once / 1 tazza di briciole di cracker digestivi (graham cracker)

2 uova, separate

un pizzico di sale

100 g / 4 oz / ½ tazza di zucchero a velo (superfino)

45 ml / 3 cucchiai di succo d'arancia

45 ml / 3 cucchiai di succo di limone

15 g / ½ oz / 1 cucchiaio di gelatina

30 ml / 2 cucchiai di acqua fredda

350 g di ricotta, setacciata

150 ml / ¼ pt / 2/3 di tazza di panna da montare doppia (pesante).

1 arancia, sbucciata e affettata

Strofinare una padella (padella) a fondo largo da 8 pollici con il burro e cospargere con le briciole di biscotti. Sbattere i tuorli con il sale e metà dello zucchero fino ad ottenere un composto denso e cremoso. Mettere in una ciotola con i succhi di arancia e limone e mescolare sopra una pentola di acqua calda fino a quando il composto inizia ad addensarsi e ricopre il dorso di un cucchiaio. Sciogliere la gelatina nell'acqua fredda e scaldare delicatamente fino a che non si addensa. Aggiungere la miscela di succo di frutta e lasciare raffreddare, mescolando di tanto in tanto. Aggiungere la ricotta e la panna. Montare a neve ferma gli albumi, quindi aggiungere lo zucchero rimanente. Piegare la miscela di cheesecake e versare nella tortiera. Raffreddare fino a quando non si ferma. Spegnere e cospargere con le briciole sciolte. Servire decorando con fettine di arancia.

Pashka

Fa una torta di 23 cm / 9 pollici

450 g / 1 libbra / 2 tazze di crema di formaggio

100 g / 4 once / ½ tazza di burro o margarina, ammorbidito

150 g / 5 once / 2/3 tazza di zucchero a velo (superfino).

150 ml / ¼ pt / 2/3 tazza di panna acida (acida)

175 g / 6 once / 1 tazza di uva sultanina (uvetta dorata)

50 g / 2 oz / ¼ di tazza di ciliegie glassate (candite)

100 g / 4 once / 1 tazza di mandorle

50 g / 2 once / 1/3 di tazza di scorza mista tritata (candita).

Mescolare formaggio, burro o margarina, zucchero e panna acida fino a quando non saranno ben amalgamati. Mescolare con gli altri ingredienti. Versare in uno stampo da savarin, coprire e mettere in frigo per tutta la notte. Immergi la padella in una pentola di acqua calda per alcuni secondi, passa un coltello attorno al bordo della padella e capovolgi la cheesecake su un piatto. Raffreddare prima di servire.

Cheesecake leggera all'ananas

Fa una torta di 25 cm / 10 pollici

225 g / 8 once / 1 tazza di burro o margarina

225 g / 8 once / 2 tazze di briciole di cracker digestivi (graham cracker)

450 g / 1 libbra / 2 tazze di quark

1 uovo sbattuto

5 ml / 1 cucchiaino di essenza di mandorle (estratto)

15 ml / 1 cucchiaio di zucchero a velo (superfino).

25 g / 1 oz / ¼ di tazza di mandorle tritate

100 g di ananas in scatola, tritato

Sciogliere metà del burro o della margarina e aggiungere le briciole di biscotti. Schiacciare sul fondo di una tortiera da 25 cm e lasciar raffreddare. Sbattere il resto del burro o della margarina con il quark, l'uovo, l'essenza di mandorle, lo zucchero e le mandorle tritate. Aggiungere l'ananas. Stendere sulla base di biscotti e lasciare raffreddare per 2 ore.

cheesecake all'ananas

Fa una torta di 20 cm / 8 pollici

75 g / 3 once / 1/3 di tazza di burro o margarina, sciolti

175 g / 6 once / 1½ tazza di briciole di cracker digestivi (graham cracker)

15 g / ½ oz / 1 cucchiaio di gelatina in polvere

425 g / 15 oz / 1 lattina grande di ananas in succo naturale, sgocciolato e riservato al succo

3 uova, separate

75 g / 3 once / 1/3 di tazza di zucchero a velo (superfino).

150 ml / ¼ pt / 2/3 di tazza di panna (leggera).

150 ml / ¼ pt / 2/3 tazza di panna doppia (pesante)

225 g / 8 once / 2 tazze di formaggio cheddar grattugiato

150 ml / ¼ pt / 2/3 tazza di latte

150 ml / ¼ pt / 2/3 tazza di panna montata

Mescolare il burro o la margarina con le briciole di biscotti e premere sul fondo di un anello per flan da 8 pollici / 20 cm. Fondo sciolto. Raffreddare fino a quando non si ferma.

Cospargi la gelatina su 30 ml/2 cucchiai del succo d'ananas messo da parte in una ciotola e lasciala fino a renderla spumosa. Tenete da parte un po' di ananas per guarnire, poi tritate il resto e mettetelo sulla base di biscotti. Metti la ciotola in una pentola con acqua calda e lasciala finché non si scioglie. Sbattere i tuorli d'uovo, lo zucchero e 150 ml / ¼ pt / 2/3 di tazza del succo d'ananas messo da parte in una ciotola resistente al calore posta sopra una pentola di acqua bollente fino a quando non diventa denso e il composto si sfalda. Togliere dal fuoco. Sbattere la panna singola e doppia fino a renderla densa, aggiungere il formaggio e il latte, quindi incorporare il composto di uova con la gelatina.

Lasciate raffreddare. Montare a neve ferma gli albumi, quindi incorporarli delicatamente al composto.

Montare la panna montata e le rosette tubolari intorno alla parte superiore della torta, quindi guarnire con l'ananas messo da parte.

cheesecake all'uvetta

Serve 8

Per la base:

100 g / 4 once / ½ tazza di burro o margarina

40 g / 1½ oz / 2 cucchiai di miele chiaro

50 g / 2 once / ¼ di tazza di zucchero demerara

225 g / 8 once / 2 tazze di fiocchi d'avena

Per il ripieno:

225 g / 8 once / 1 tazza di ricotta

150 ml / ¼ pt / 2/3 tazza di yogurt bianco

150 ml / ¼ pt / 2/3 tazza di panna acida (acida)

50 g / 2 once / 1/3 di tazza di uvetta

15 g / ½ oz / 1 cucchiaio di gelatina in polvere

60 ml / 4 cucchiai di acqua bollente

Sciogli il burro o la margarina, quindi aggiungi il miele, lo zucchero e l'avena. Premere nella base di una tortiera da 20 cm unta (padella).

Per fare il ripieno, setacciare la ricotta in una ciotola e mescolare con lo yogurt e la panna acida. Aggiungere l'uvetta. Cospargi la gelatina sull'acqua calda e lasciala finché non si scioglie. Riscaldare su una ciotola di acqua calda fino a quando diventa traslucido, quindi aggiungere al composto e mescolare delicatamente fino a quando non inizia a solidificare. Adagiate sulla base preparata e lasciate riposare.

cheesecake al lampone

Fa una torta di 15 cm / 6 pollici

75 g / 3 once / 1/3 di tazza di burro o margarina, sciolti

175 g / 6 once / 1½ tazza di briciole di cracker digestivi (graham cracker)

3 uova, separate

300 ml / ½ pt / 1¼ tazze di latte

25 g / 1 oz / 2 cucchiai di zucchero a velo (superfino)

15 g / ½ oz / 1 cucchiaio di gelatina

30 ml / 2 cucchiai di acqua fredda

225 g / 8 once / 1 tazza di formaggio cremoso, leggermente sbattuto

Scorza grattugiata e succo di ½ limone

Lamponi 450 g / 1 libbra

Mescolare il burro o la margarina e i biscotti e premere nella base di una tortiera a fondo largo da 6/15 cm. Raffredda mentre fai il ripieno.

Sbattere i tuorli, quindi versarli in un pentolino con il latte e scaldare dolcemente, mescolando continuamente, fino a quando la crema pasticcera non si addensa. Togliere dal fuoco e aggiungere lo zucchero. Cospargi la gelatina sull'acqua calda e lasciala finché non si scioglie. Riscaldare in una ciotola di acqua calda fino a renderla traslucida, quindi aggiungere il formaggio con la crema pasticcera, la scorza e il succo di limone. Montare a neve ferma gli albumi, poi incorporarli al composto e adagiarli sulla base. Fresco da impostare. Guarnire con i lamponi appena prima di servire.

Torta Siciliana

Fa una torta di 25 cm / 10 pollici

900 g / 2 libbre / 4 tazze di ricotta

100 g / 4 once / 2/3 tazza di zucchero a velo (da pasticcere).

5 ml / 1 cucchiaino di buccia d'arancia grattugiata

100 g / 4 oz / 1 tazza di cioccolato fondente (semidolce), grattugiato

10 oz / 275 g di frutta mista tritata

10 oz / 275 g di biscotti con le dita (biscotti) o torta di libbra, a fette

175 ml / 6 fl oz / ¾ tazza di rum

Montare la ricotta con metà dello zucchero e la scorza d'arancia. Mettere da parte 15 ml/1 cucchiaio di cioccolato e frutta per decorare, quindi incorporare il resto al composto. Foderare una tortiera da 25 cm (stampo) con pellicola trasparente (pellicola). Immergi i biscotti o il pan di spagna nel rum per inumidirli, quindi utilizzane la maggior parte per ricoprire il fondo e i lati della teglia. Distribuire la miscela di formaggio all'interno. Immergi i cracker rimanenti nel rum e usali per guarnire il composto di formaggio. Coprire con pellicola trasparente (pellicola) e premere verso il basso. Raffreddare per 1 ora fino a quando non si ferma. Sformare aiutandosi con la pellicola trasparente, cospargere con il resto dello zucchero a velo e decorare con il cioccolato e la frutta messi da parte.

Cheesecake glassata allo yogurt

Fa una torta di 23 cm / 9 pollici

Per la base:

2 uova

75 g / 3 once / ¼ di tazza di miele chiaro

100 g / 4 oz / 1 tazza di farina integrale (integrale)

10 ml / 2 cucchiaini di lievito per dolci

Qualche goccia di essenza di vaniglia (estratto)

Per il ripieno:

25 g / 1 oz / 2 cucchiai di gelatina in polvere

30 ml / 2 cucchiai di zucchero a velo (superfino)

75 ml / 5 cucchiai d'acqua

225 g / 8 once / 1 tazza di yogurt bianco

225 g / 8 once / 1 tazza di formaggio morbido cremoso

75 g / 3 once / ¼ di tazza di miele chiaro

250 ml / 8 fl oz / 1 tazza di panna montata

Per il condimento:

100 g di lamponi

45 ml / 3 cucchiai di marmellata (riserva)

15 ml / 1 cucchiaio di acqua

Per preparare la base, sbattere le uova e il miele fino a renderle spumose. Aggiungere gradualmente la farina, il lievito e l'essenza di vaniglia fino ad ottenere una massa omogenea. Stendere su un piano leggermente infarinato e adagiare sulla base di una teglia (stampo) unta da 23 cm. Cuocere in forno preriscaldato a 200°C/400°F/gas mark 6 per 20 minuti. Togliere dal forno e lasciare raffreddare.

Per fare il ripieno, sciogliere la gelatina e lo zucchero nell'acqua in una ciotolina, quindi lasciare il composto in una pentola di acqua calda fino a quando diventa trasparente. Togliere dall'acqua e lasciare raffreddare leggermente. Sbattere lo yogurt, la crema di formaggio e il miele fino a quando non saranno ben amalgamati. Montare la panna a neve ferma. Aggiungere la panna alla miscela di yogurt e quindi aggiungere la gelatina. Adagiate sulla base e lasciate riposare.

Disporre i lamponi in uno schema attraente in cima. Sciogliere la marmellata con l'acqua, quindi passare attraverso un colino (colabrodo). Spennellare la parte superiore della cheesecake e raffreddare prima di servire.

Cheesecake alla fragola

Fa una torta di 20 cm / 8 pollici

100 g / 4 once / 1 tazza di briciole di cracker digestivi (graham cracker)

25 g / 1 oz / 2 cucchiai di zucchero demerara

50 g / 2 once / ¼ di tazza di burro o margarina, sciolti

15 ml / 1 cucchiaio di gelatina in polvere

45 ml / 3 cucchiai d'acqua

350 g / 12 once / 1½ tazza di ricotta

50 g / 2 oz / ¼ di tazza di zucchero a velo (superfino)

scorza grattugiata e succo di 1 limone

2 uova, separate

300 ml / ½ pt / 1¼ tazze di panna (leggera).

100 g di fragole, a fette

120 ml / 4 fl oz / ½ tazza di panna doppia (pesante), montata

Mescolare le briciole di biscotti, lo zucchero demerara e il burro o la margarina e premere sul fondo di una tortiera a fondo largo da 20 cm / 8 pollici. Raffreddare fino a quando non si ferma.

Cospargi la gelatina nell'acqua e lasciala fino a renderla soffice. Metti il contenitore in una pentola con acqua calda e lascialo finché non diventa trasparente. Mescolare il formaggio, lo zucchero a velo, la scorza e il succo di limone, i tuorli e la panna. Sbattere la gelatina. Montare a neve ferma gli albumi, quindi unirli al composto di formaggio. Versare sulla base e mettere in frigo fino a quando non si solidifica.

Disporre le fragole sulla parte superiore della cheesecake e versare la crema attorno al bordo per decorare.

Cheesecake all'uva sultanina e brandy

Fa una torta di 20 cm / 8 pollici

100 g / 4 oz / 2/3 tazza di uva sultanina (uvetta dorata)

45 ml / 3 cucchiai di brandy

100 g / 4 once / ½ tazza di burro o margarina, ammorbidito

100 g / 4 once / ½ tazza di zucchero di canna morbido

75 g / 3 once / ¾ tazza di farina semplice (per tutti gli usi)

75 g / 3 once / ¾ tazza di mandorle tritate

2 uova, separate

225 g / 8 once / 1 tazza di formaggio cremoso

100 g / 4 once / ½ tazza di ricotta (ricotta morbida)

Qualche goccia di essenza di vaniglia (estratto)

150 ml / ¼ pt / 2/3 tazza di panna doppia (pesante)

Mettete l'uvetta in una ciotola con il brandy e lasciatela macerare fino a renderla carnosa. Crema il burro o la margarina e 50 g / 2 once / ¼ di tazza di zucchero fino a ottenere un composto chiaro e spumoso. Mescolare la farina e le mandorle tritate e mescolare per formare un impasto. Premere in una tortiera (teglia) unta da 20 cm/8 pollici e cuocere in forno preriscaldato a 180°C/350°F/gas mark 4 per 12 minuti fino a doratura. Lasciate raffreddare.

Sbattere i tuorli con metà dello zucchero rimasto. Aggiungere i formaggi, l'essenza di vaniglia, l'uvetta e il brandy. Montate la panna a neve ferma e poi incorporatela al composto. Montare gli albumi a neve ferma, quindi aggiungere lo zucchero rimanente e sbattere ancora fino a renderli sodi e lucidi. Piegare nella miscela di formaggio. Versare sopra la base cotta e mettere in frigo per diverse ore fino a quando non si solidifica.

Cheesecake al forno

Fa una torta di 20 cm / 8 pollici

50 g / 2 once / ¼ di tazza di burro o margarina, sciolti

225 g / 8 once / 2 tazze di briciole di cracker digestivi (graham cracker)

225 g / 8 once / 1 tazza di ricotta

100 g / 4 oz / ½ tazza di zucchero a velo (superfino)

3 uova, separate

25 g / 1 oz / ¼ di tazza di farina di mais (amido di mais)

2,5 ml / ½ cucchiaino di essenza di vaniglia (estratto)

400 ml / 14 fl oz / 1¾ tazza di panna acida (acido da latte)

Mescolare il burro o la margarina e le briciole di biscotti e premere nella base di una tortiera a fondo largo unta da 20 cm / 8 pollici. Mescolare tutti gli altri ingredienti tranne gli albumi. Montare a neve ferma gli albumi, quindi incorporarli al composto e adagiarli sulla base di biscotti. Cuocere in forno preriscaldato a 150°C/300°F/gas mark 3 per 1 ora e mezza. Spegnere il forno e aprire leggermente la porta. Lasciare la cheesecake in forno finché non si raffredda.

Barrette di cheesecake al forno

Fa 16

75 g / 3 once / 1/3 di tazza di burro o margarina

100 g / 4 once / 1 tazza di farina semplice (per tutti gli usi)

75 g / 3 once / 1/3 di tazza di zucchero di canna morbido

50 g / 2 once / ½ tazza di noci pecan tritate

225 g / 8 once / 1 tazza di formaggio cremoso

50 g / 2 oz / ¼ di tazza di zucchero a velo (superfino)

1 uovo

30 ml / 2 cucchiai di latte

5 ml / 1 cucchiaino di succo di limone

2,5 ml / ½ cucchiaino di essenza di vaniglia (estratto)

Strofina il burro o la margarina nella farina fino a quando il composto non assomiglia al pangrattato. Aggiungere lo zucchero di canna e le noci. Premere tutto tranne 100 g / 4 once / 1 tazza del composto in una tortiera unta da 20 cm / 8 pollici. Cuocere in forno preriscaldato a 180°C/350°F/gas mark 4 per 15 minuti fino a quando non saranno leggermente dorati.

Sbattere la crema di formaggio e lo zucchero a velo fino a che liscio. Sbattere l'uovo, il latte, il succo di limone e l'essenza di vaniglia. Distribuire il composto sulla torta nella teglia e cospargere con il composto di burro e noci messo da parte. Cuocere per altri 30 minuti fino a quando impostato e leggermente dorato in cima. Fate raffreddare, fate intiepidire e servite freddo.

torta di formaggio americana

Fa una torta di 23 cm / 9 pollici

175 g / 6 once / 1½ tazza di briciole di cracker digestivi (graham cracker)

15 ml / 1 cucchiaio di zucchero a velo (superfino).

50 g / 2 once / ¼ di tazza di burro o margarina, sciolti

Per il ripieno:

450 g / 1 libbra / 2 tazze di crema di formaggio

450 g / 1 libbra / 2 tazze di ricotta

250 g / 9 once / generosa 1 tazza di zucchero a velo (superfino).

10 ml / 2 cucchiaini di essenza di vaniglia (estratto)

5 uova, separate

400 ml / 14 fl oz / 1 lattina grande di latte evaporato

120 ml / 4 fl oz / ½ tazza di panna doppia (pesante)

30 ml / 2 cucchiai di farina semplice (per tutti gli usi)

un pizzico di sale

15 ml / 1 cucchiaio di succo di limone

Mescolare le briciole di biscotti e lo zucchero con il burro fuso e premere sul fondo di una tortiera a fondo largo da 23 cm / 9 pollici.

Per fare il ripieno, mescolare i formaggi insieme, quindi aggiungere lo zucchero e l'essenza di vaniglia. Mescolare i tuorli d'uovo, quindi il latte evaporato, la panna, la farina, il sale e il succo di limone. Montare a neve ferma gli albumi, quindi incorporarli con cura al composto. Versare nella tortiera e cuocere in forno preriscaldato a 180°C/350°F/gas mark 4 per 45 minuti. Lasciare raffreddare lentamente, quindi raffreddare prima di servire.

Cheesecake di mele al forno olandese

Fa una torta di 20 cm / 8 pollici

100 g / 4 once / ½ tazza di burro o margarina

175 g / 6 once / 1½ tazza di briciole di cracker digestivi (graham cracker)

2 mele mangiatrici (per dessert), sbucciate, private del torsolo e affettate

100 g / 4 oz / 2/3 tazza di uva sultanina (uvetta dorata)

225 g / 8 once / 2 tazze di formaggio Gouda, grattugiato

25 g / 1 oz / ¼ di tazza di farina semplice (per tutti gli usi)

75 ml / 5 cucchiai di panna semplice (leggera)

2,5 ml / ½ cucchiaino di spezie macinate miste (torta di mele)

scorza grattugiata e succo di 1 limone

3 uova, separate

100 g / 4 once / ¾ tazza di zucchero a velo (superfino).

2 mele dalla buccia rossa, private del torsolo e affettate

30 ml / 2 cucchiai di marmellata di albicocche (conserve), setacciata (colata)

Sciogliere metà del burro o della margarina e aggiungere le briciole di biscotti. Premete il composto nella base di una tortiera da 20 cm a fondo largo. Sciogli il burro rimanente e friggi (soffriggi) le mele mangiatrici fino a renderle morbide e dorate. Scolare il grasso in eccesso, lasciar raffreddare leggermente, quindi stendere sulla base di biscotti e cospargere di uvetta.

Mescolare il formaggio, la farina, la panna, il mix di spezie e il succo e la scorza di limone. Mescolare i tuorli e lo zucchero e incorporarli al composto di formaggio fino a quando non saranno ben amalgamati. Montare a neve ferma gli albumi, poi incorporarli al composto. Mettere nella teglia preparata e cuocere in forno preriscaldato a 180°C / 350°F / gas mark 4 per 40 minuti fino a quando non si solidifica al centro. Far raffreddare nello stampo.

Disporre le fette di mela in cerchi intorno alla parte superiore della torta. Riscaldare la marmellata e spennellarla sulle mele per glassare.

Cheesecake albicocca e nocciole al forno

Fa una torta di 18 cm / 7 pollici

75 g / 3 once / 1/3 di tazza di burro o margarina

100 g / 4 once / 1 tazza di farina semplice (per tutti gli usi)

100 g / 4 oz / ½ tazza di zucchero a velo (superfino)

25 g / 1 oz / ¼ di tazza di nocciole macinate

30 ml / 2 cucchiai di acqua fredda

100 g / 4 oz / 2/3 tazza di albicocche secche pronte al consumo, tritate

scorza grattugiata e succo di 1 limone

100 g / 4 once / ½ tazza di ricotta (ricotta morbida)

100 g / 4 once / ½ tazza di formaggio cremoso

25 g / 1 oz / ¼ di tazza di farina di mais (amido di mais)

2 uova, separate

15 ml / 1 cucchiaio di zucchero a velo (pasticcini).

Strofina il burro o la margarina nella farina fino a quando il composto non assomiglia al pangrattato. Aggiungere metà dello zucchero e le nocciole, quindi aggiungere acqua quanto basta per ottenere un impasto consistente (pasta). Stendere e utilizzare per rivestire un anello per flan con fondo sciolto unto da 18 cm / 7 pollici. Distribuire le albicocche sulla base. Schiaccia la scorza e il succo di limone e i formaggi in un robot da cucina o frullatore. Sbattere lo zucchero rimanente, l'amido di mais e i tuorli d'uovo fino a ottenere un composto liscio e cremoso. Montare a neve ferma gli albumi, quindi unirli al composto e distribuirli sullo sformato. Cuocere in forno preriscaldato a 180°C/350°F/gas 4 per 30 minuti fino a quando saranno ben sollevati e dorati. Lasciare raffreddare leggermente, quindi setacciare sopra lo zucchero a velo e servire tiepido o freddo.

Cheesecake albicocca e arancia al forno

Serve 8

Per l'impasto (pasta):

75 g / 3 once / 1/3 di tazza di burro o margarina

175 g / 6 once / 1½ tazza di farina semplice (per tutti gli usi)

un pizzico di sale

30 ml / 2 cucchiai d'acqua

Per il ripieno:

225 g / 8 once / 1 tazza di ricotta (ricotta morbida)

75 ml / 5 cucchiai di latte

2 uova, separate

30 ml / 2 cucchiai di miele chiaro

3 gocce di essenza di arancia (estratto)

scorza grattugiata di 1 arancia

25 g / 1 oz / ¼ di tazza di farina semplice (per tutti gli usi)

75 g / 3 once / ½ tazza di albicocche a metà, tritate

Strofina il burro o la margarina nella farina e nel sale finché il composto non assomiglia al pangrattato. Aggiungere gradualmente acqua quanto basta per ottenere un impasto liscio. Stendere su una superficie leggermente infarinata e utilizzare per rivestire un anello di flan unto di 20 cm / 8 pollici. Foderare con carta da forno (oleata) e fagioli e cuocere alla cieca in forno preriscaldato a 200°C/400°F/gas mark 6 per 10 minuti, quindi rimuovere carta e fagioli, ridurre la temperatura del forno a 190°C

/ 375°F /gas comporre 5 e cuocere la scatola (crostata) per altri 5 minuti.

Nel frattempo, mescolare formaggio, latte, tuorli d'uovo, miele, essenza d'arancia, scorza d'arancia e farina fino a che liscio. Montate gli albumi a neve ben ferma, poi incorporateli al composto. Versare nella pirofila e cospargere con le albicocche. Cuocere in forno preriscaldato per 20 minuti fino a quando non diventa sodo.

Cheesecake di albicocche e ricotta al forno

Fa una torta di 23 cm / 9 pollici

100 g / 4 once / ½ tazza di burro o margarina

225 g / 8 once / 2 tazze di briciole di cracker digestivi (graham cracker)

75 g / 3 once / 1/3 di tazza di zucchero a velo (superfino).

5 ml / 1 cucchiaino di cannella in polvere

900 g / 2 libbre / 4 tazze di ricotta

30 ml / 2 cucchiai di farina semplice (per tutti gli usi)

2,5 ml / ½ cucchiaino di essenza di vaniglia (estratto)

scorza grattugiata di 1 limone

3 tuorli d'uovo

350 g di albicocche, snocciolate (denocciolate) e tagliate a metà

50 g / 2 oz / ½ tazza di mandorle a lamelle (affettate)

Sciogliere il burro, poi unire i biscotti sbriciolati, 30 ml/2 cucchiai di zucchero e la cannella. Premere il composto in una tortiera unta da 9 pollici a fondo largo (padella). Sbattere la ricotta con lo zucchero rimanente, la farina, l'essenza di vaniglia e la scorza di limone per 2 minuti. Sbattere gradualmente i tuorli fino a ottenere un composto omogeneo. Versare metà del ripieno sulla base di biscotti. Distribuire le albicocche sul ripieno, cospargere con le mandorle, quindi versare sopra il ripieno rimanente. Cuocere in forno preriscaldato a 180°C/350°F/gas mark 4 per 15 minuti fino a quando non diventa sodo al tatto. Lasciare raffreddare, quindi raffreddare.

torta di formaggio di Boston

Fa una torta di 23 cm / 9 pollici

225 g / 8 once / 2 tazze di briciole di biscotti semplici (biscotti)

50 g / 2 oz / ¼ di tazza di zucchero a velo (superfino)

2,5 ml / ½ cucchiaino di cannella in polvere

Un pizzico di noce moscata grattugiata

75 g / 3 once / 1/3 di tazza di burro o margarina, sciolti

Per il ripieno:

4 uova, separate

225 g / 8 once / 1 tazza di zucchero a velo (superfino)

250 ml / 8 fl oz / 1 tazza di panna acida (acido da latte)

5 ml / 1 cucchiaino di essenza di vaniglia (estratto)

30 ml / 2 cucchiai di farina semplice (per tutti gli usi)

un pizzico di sale

450 g / 1 libbra / 2 tazze di crema di formaggio

Mescolare le briciole di biscotti, lo zucchero, la cannella e la noce moscata con il burro fuso, quindi premere sulla base e sui lati di una padella per crema pasticcera a fondo largo da 23 cm. Sbattere i tuorli d'uovo fino a ottenere una crema densa e cremosa. Montare gli albumi a neve, aggiungere 50 g / 2 once / ¼ di tazza di zucchero e continuare a sbattere fino a quando non diventano rigidi e lucidi. Mescolare la panna acida e l'essenza di vaniglia con i tuorli d'uovo, quindi aggiungere lo zucchero rimasto, la farina e il sale. Aggiungere con cura il formaggio e quindi aggiungere gli albumi. Versare nella base e cuocere in forno preriscaldato a 160°C/325°F/gas mark 3 per 1 ora fino a quando non è sodo al tatto. Lasciare raffreddare, quindi raffreddare prima di servire.

Cheesecake caraibica al forno

Fa una torta di 23 cm / 9 pollici

Per la base:

100 g / 4 once / 1 tazza di farina semplice (per tutti gli usi)

25 g / 1 oz / ¼ di tazza di mandorle tritate

25 g / 1 oz / 2 cucchiai di zucchero di canna morbido

50 g / 2 once / ¼ di tazza di burro o margarina, sciolti e raffreddati

1 uovo

15 ml / 1 cucchiaio di latte

Per il ripieno:

75 g / 3 once / ½ tazza di uvetta

15-30 ml / 1-2 cucchiai di rum (a piacere)

225 g / 8 once / 1 tazza di ricotta (ricotta morbida)

50 g / 2 once / ¼ di tazza di burro o margarina

25 g / 1 oz / ¼ di tazza di mandorle tritate

50 g / 2 oz / ¼ di tazza di zucchero a velo (superfino)

2 uova

Per preparare la base, mescolate insieme la farina, le mandorle e lo zucchero di canna. Aggiungere il burro o la margarina, l'uovo e il latte e mescolare fino a che liscio. Stendere e modellare la base di una tortiera unta da 23 cm / 9 pollici, bucherellare dappertutto con una forchetta e cuocere in forno preriscaldato a 190°C / 375°F / gas mark 5 per 10 minuti. d'oro.

Per fare il ripieno, mettete a bagno l'uvetta nel rum fino a renderla densa. Mescolare formaggio, burro, mandorle tritate e zucchero a velo. Mescolare le uova, quindi aggiungere l'uvetta e il rum a piacere. Versare sopra la base e cuocere in forno preriscaldato per 10 minuti fino a doratura e consistenza al tatto.

Cheesecake Al Cioccolato Al Forno

Fa una torta di 23 cm / 9 pollici

Per la base:

100 g / 4 once / 1 tazza di briciole di biscotti al pan di zenzero

15 ml / 1 cucchiaio di zucchero

50 g / 2 once / ¼ di tazza di burro, sciolto

Per il ripieno:

175 g / 6 once / 1½ tazza di cioccolato fondente (semidolce).

225 g / 8 once / 1 tazza di zucchero a velo (superfino)

30 ml / 2 cucchiai di cacao in polvere (cioccolato non zuccherato)

450 g / 1 libbra / 2 tazze di crema di formaggio

120 ml / 4 fl oz / ½ tazza di panna acida (acido da latte)

5 ml / 1 cucchiaino di essenza di vaniglia (estratto)

4 uova, leggermente sbattute

Per preparare la base, mescola i biscotti e lo zucchero con il burro fuso e premi nella base di una padella unta (padella) a fondo largo da 9 pollici. Per fare il ripieno, sciogliere il cioccolato con metà dello zucchero e il cacao in una ciotola resistente al calore posta sopra una casseruola di acqua bollente. Togliere dal fuoco e lasciare raffreddare leggermente. Sbattere il formaggio fino a renderlo leggero, quindi mescolare gradualmente lo zucchero rimanente, la panna acida e l'essenza di vaniglia. Aggiungere gradualmente le uova, quindi unire il composto di cioccolato e versare sopra la base preparata. Cuocere in forno preriscaldato a 180°C/350°F/gas mark 4 per 40 minuti fino a quando non diventa sodo al tatto.

Cheesecake al cioccolato e noci

Fa una torta di 23 cm / 9 pollici

Per la base:

100 g / 4 once / 1 tazza di briciole di cracker digestivi (graham cracker)

100 g / 4 oz / ½ tazza di zucchero a velo (superfino)

50 g / 2 once / ¼ di tazza di burro, sciolto

Per il ripieno:

175 g / 6 once / 1½ tazza di cioccolato fondente (semidolce).

50 g / 2 oz / ¼ di tazza di zucchero a velo (superfino)

30 ml / 2 cucchiai di cacao in polvere (cioccolato non zuccherato)

450 g / 1 libbra / 2 tazze di crema di formaggio

25 g / 1 oz / ¼ di tazza di mandorle tritate

120 ml / 4 fl oz / ½ tazza di panna acida (acido da latte)

5 ml / 1 cucchiaino di essenza di mandorle (estratto)

4 uova, leggermente sbattute

Per preparare la base, mescolare le briciole di biscotti e 100 g di zucchero con il burro fuso e premere nella base di una tortiera unta da 23 cm con fondo largo. Per fare il ripieno, sciogliere il cioccolato con lo zucchero e il cacao in una ciotola resistente al calore posta sopra una pentola di acqua bollente. Togliere dal fuoco e lasciare raffreddare leggermente. Sbattere il formaggio fino a renderlo leggero, quindi mescolare gradualmente lo zucchero rimanente, le mandorle tritate, la panna acida e l'essenza di mandorle. Aggiungere gradualmente le uova, quindi unire il composto di cioccolato e versare sopra la base preparata. Cuocere in forno preriscaldato a 180°C/350°F/gas mark 4 per 40 minuti fino a quando non diventa sodo al tatto.

torta di formaggio tedesca

Fa una torta di 23 cm / 9 pollici

Per la base

25 g / 1 oz / 2 cucchiai di burro o margarina

225 g / 8 once / 2 tazze di farina semplice (per tutti gli usi)

2,5 ml / ½ cucchiaino di lievito in polvere

50 g / 2 oz / ¼ di tazza di zucchero a velo (superfino)

1 tuorlo d'uovo

15 ml / 1 cucchiaio di latte

Per il ripieno:

900 g / 2 libbre / 4 tazze di ricotta

225 g / 8 once / 1 tazza di zucchero a velo (superfino)

50 g / 2 once / ¼ di tazza di burro o margarina, sciolti

250 ml / 8 fl oz / 1 tazza di panna doppia (pesante)

5 ml / 1 cucchiaino di essenza di vaniglia (estratto)

4 uova, leggermente sbattute

175 g / 6 once / 1 tazza di uva sultanina (uvetta dorata)

15 ml / 1 cucchiaio di farina di mais (amido di mais)

un pizzico di sale

Per fare la base, strofinare il burro o la margarina nella farina e nel lievito, quindi aggiungere lo zucchero e fare un buco al centro. Mescolare il tuorlo d'uovo e il latte e impastare fino ad ottenere un impasto abbastanza liscio. Premere sul fondo di una tortiera quadrata da 23 cm / 9 pollici.

Per fare il ripieno, scolare il liquido in eccesso dalla ricotta, quindi aggiungere lo zucchero, il burro fuso, la panna e l'essenza di vaniglia. Aggiungi le uova. Mescolare l'uva sultanina nella farina di mais e salare fino a ricoprirla, quindi unirla al composto. Versare sopra la base e cuocere in forno preriscaldato a 230°C / 450°F / gas mark 8 per 10 minuti. Riduci la temperatura del forno a 190°C / 375°F / gas mark 5 e cuoci per un'altra ora fino a quando non diventa sodo al tatto. Lasciare raffreddare nella teglia, quindi raffreddare.

Cheesecake al liquore alla crema irlandese

Fa una torta di 23 cm / 9 pollici

Per la base:

225 g / 8 once / 2 tazze di briciole di cracker digestivi (graham cracker)

50 g / 2 oz / ½ tazza di mandorle tritate

100 g / 4 oz / ½ tazza di zucchero a velo (superfino)

100 g / 4 once / ½ tazza di burro o margarina, sciolti

Per il ripieno:

900 g / 2 libbre / 4 tazze di crema di formaggio

225 g / 8 once / 1 tazza di zucchero a velo (superfino)

5 ml / 1 cucchiaino di essenza di vaniglia (estratto)

175 ml / 6 fl oz / ¾ tazza di liquore alla crema irlandese

3 uova

Per il condimento:

250 ml / 8 fl oz / 1 tazza di panna acida (acido da latte)

60 ml / 4 cucchiai di liquore alla crema irlandese

50 g / 2 oz / ¼ di tazza di zucchero a velo (superfino)

Per fare la base, mescolare le briciole di biscotti, le mandorle e lo zucchero con il burro fuso o la margarina e premere nella base e sui lati di una tortiera a cerniera da 9/23 cm.

Per fare il ripieno, sbattere la crema di formaggio e lo zucchero fino a che liscio. Aggiungere l'essenza di vaniglia e il liquore. Incorporare gradualmente le uova. Versare nella base e cuocere in forno preriscaldato a 180°C/350°F/gas mark 4 per 40 minuti.

Per fare la copertura, montare la panna, il liquore e lo zucchero fino a renderla densa. Versare sopra la cheesecake e distribuire uniformemente. Rimettete la cheesecake in forno per altri 5 minuti. Lasciare raffreddare, quindi raffreddare prima di servire.

Cheesecake americana al limone e noci

Fa una torta di 20 cm / 8 pollici

Per la base:

225 g / 8 once / 2 tazze di briciole di cracker digestivi (graham cracker)

25 g / 1 oz / 2 cucchiai di zucchero a velo (superfino)

5 ml / 1 cucchiaino di cannella in polvere

50 g / 2 once / ¼ di tazza di burro o margarina, sciolti

Per il ripieno:

2 uova, separate

100 g / 4 once / ½ tazza di zucchero a velo

350 g / 12 oz / 1½ tazza di formaggio a pasta molle intero

scorza grattugiata e succo di 1 limone

150 ml / ¼ pt / 2/3 tazza di panna doppia (pesante)

25 g / 1 oz / ¼ di tazza di noci miste tritate

Per fare la base unire al burro o alla margarina le briciole, lo zucchero e la cannella. Premere nella base e sui lati di una teglia per crema pasticcera a fondo largo da 20 cm / 8 pollici (stampo). Freddo.

Per fare il ripieno, sbattere i tuorli e lo zucchero fino a ottenere una crema densa. Aggiungere il formaggio, la scorza di limone e il succo. Montate la panna a neve ferma e poi incorporatela al composto. Montare a neve ferma gli albumi, poi incorporarli al composto. Versare nella base e cuocere in forno preriscaldato a 160°C / 325°F / gas mark 3 per 45 minuti. Cospargere con le noci e rimettere in forno per altri 20 minuti. Spegnere il forno e lasciare raffreddare la cheesecake in forno, quindi raffreddare prima di servire.

cheesecake all'arancia

Fa una torta di 23 cm / 9 pollici

Per la base:

100 g / 4 oz / 1 tazza di wafer tritati (biscotti)

2,5 ml / ½ cucchiaino di cannella in polvere

15 ml / 1 cucchiaio di albume d'uovo

Per il ripieno:

450 g / 1 libbra / 2 tazze di ricotta

225 g / 8 once / 1 tazza di formaggio cremoso

75 g / 3 once / 1/3 di tazza di zucchero a velo (superfino).

15 ml / 1 cucchiaio di farina semplice (per tutti gli usi)

30 ml / 2 cucchiai di succo d'arancia

10 ml / 2 cucchiaini di buccia d'arancia grattugiata

5 ml / 1 cucchiaino di essenza di vaniglia (estratto)

1 arancia grande, tagliata a spicchi e senza membrane

100 g di fragole, a fette

Per fare la base, mescolare insieme i wafer in crosta e la cannella. Montare gli albumi fino a renderli spumosi, quindi unire le briciole. Premi il composto nella base di una tortiera da 23 cm / 9 pollici (stagno) a fondo largo. Cuocere in forno preriscaldato a 180°C/350°F/gas mark 4 per 10 minuti. Togliere dal forno e lasciare raffreddare. Ridurre la temperatura del forno a 150°C/300°F/gas mark 2.

Per fare il ripieno, mescola insieme i formaggi, lo zucchero, la farina, il succo d'arancia, la scorza e l'essenza di vaniglia fino a che liscio. Versare sopra la base e cuocere nel forno preimpostato per 35 minuti fino al set. Lascia raffreddare, quindi raffredda fino a quando non si solidifica. Decorare con arance e fragole.

Cheesecake alla ricotta

Fa una torta di 23 cm / 9 pollici

Per la base:

25 g / 1 oz / 2 cucchiai di zucchero a velo (superfino)

5 ml / 1 cucchiaino di scorza di limone grattugiata

100 g / 4 once / 1 tazza di farina semplice (per tutti gli usi)

Qualche goccia di essenza di vaniglia (estratto)

1 tuorlo d'uovo

25 g / 1 oz / 2 cucchiai di burro o margarina

Per il condimento:

750 g / 1½ lb / 3 tazze di ricotta

225 g / 8 once / 1 tazza di zucchero a velo (superfino)

120 ml / 4 fl oz / ½ tazza di panna doppia (pesante)

45 ml / 3 cucchiai di farina (per tutti gli usi)

5 ml / 1 cucchiaino di essenza di vaniglia (estratto)

5 uova, separate

150 g di lamponi o fragole

Per preparare la base, sbattere lo zucchero, la scorza di limone e la farina, quindi aggiungere l'essenza di vaniglia, il tuorlo d'uovo e il burro o la margarina. Continuare a battere fino a quando il composto non forma un impasto. Premere metà dell'impasto in una tortiera a cerniera da 23 cm/9 imburrata e cuocere in forno preriscaldato a 200°C/400°F/gas mark 6 per 8 minuti. Ridurre la temperatura del forno a 180°C/350°F/gas mark 4. Lasciare raffreddare, quindi premere la pastella rimanente attorno ai lati della padella.

Per la farcitura, sbattere la ricotta fino a renderla cremosa. Aggiungere lo zucchero, la panna, la farina, l'essenza di vaniglia e i tuorli d'uovo. Montare a neve ferma gli albumi, poi incorporarli al composto. Versare sulla base e cuocere in forno preriscaldato per 1 ora. Lasciare raffreddare nella teglia, quindi raffreddare prima di adagiarci sopra la frutta per servire.

Formaggio al forno a strati e cheesecake alla panna acida

Fa una torta di 23 cm / 9 pollici

50 g / 2 once / ¼ tazza di burro o margarina, ammorbidito

50 g / 2 oz / ¼ di tazza di zucchero a velo (superfino)

1 uovo

350 g / 12 oz / 3 tazze di farina semplice (per tutti gli usi)

Per il ripieno:

675 g / 1½ lb / 3 tazze di crema di formaggio

15 ml / 1 cucchiaio di succo di limone

5 ml / 1 cucchiaino di scorza di limone grattugiata

175 g / 6 once / ¾ tazza di zucchero a velo (superfino)

3 uova

250 ml / 8 fl oz / 1 tazza di panna acida (acido da latte)

5 ml / 1 cucchiaino di essenza di vaniglia (estratto)

Per preparare la base, lavorare a crema il burro o la margarina e lo zucchero fino a ottenere un composto chiaro e spumoso. A poco a poco sbattere l'uovo, quindi incorporare la farina per fare un impasto (pasta). Stendere e utilizzare per foderare una tortiera da 23 cm/9" imburrata e cuocere in forno preriscaldato a 220°C/425°F/gas mark 7 per 5 minuti.

Per fare il ripieno, mescolare insieme la crema di formaggio, il succo di limone e la scorza. Metti da parte 30 ml / 2 cucchiai di zucchero, quindi mescola il resto al formaggio. Aggiungere gradualmente le uova, quindi versare il composto nella base. Cuocere nel forno preriscaldato per 10 minuti, quindi ridurre la temperatura del forno a 150°C/300°F/gas mark 2 e cuocere per altri 30 minuti. Mescolare la panna acida, lo zucchero messo da parte e l'essenza di vaniglia. Versare sopra la torta e rimettere in forno e cuocere per altri 10 minuti. Lasciare raffreddare, quindi raffreddare prima di servire.

Cheesecake leggera al forno con uvetta

Fa una torta di 18 cm / 7 pollici

75 g / 3 once / 1/3 di tazza di burro o margarina, sciolti

100 g / 4 once / 1 tazza di fiocchi d'avena

50 g / 2 oz / 1/3 di tazza di uva sultanina (uvetta dorata)

Per il ripieno:

50 g / 2 once / ¼ tazza di burro o margarina, ammorbidito

250 g / 9 once / generosa 1 tazza di quark

2 uova

25 g / 1 oz / 3 cucchiai di uva sultanina (uvetta dorata)

25 g / 1 oz / ¼ di tazza di mandorle tritate

Succo e scorza di 1 limone

45 ml / 3 cucchiai di yogurt bianco

Mescolare burro o margarina, avena e uvetta. Premere nella base di una tortiera unta da 18 cm / 7 in (teglia) e cuocere in forno preriscaldato a 180 ° C / 350 ° F / gas mark 4 per 10 minuti. Mescolare gli ingredienti del ripieno e adagiarli sulla base. Cuocere per altri 45 minuti. Lasciate raffreddare nello stampo prima di sformare.

Cheesecake alla vaniglia leggera al forno

Fa una torta di 23 cm / 9 pollici

175 g / 6 once / 1½ tazza di briciole di cracker digestivi (graham cracker)

225 g / 8 once / 1 tazza di zucchero a velo (superfino)

5 albumi d'uovo

50 g / 2 once / ¼ di tazza di burro o margarina, sciolti

225 g / 8 once / 1 tazza di formaggio cremoso

225 g / 8 once / 1 tazza di ricotta

120 ml / 4 fl oz / ½ tazza di latte

30 ml / 2 cucchiai di farina semplice (per tutti gli usi)

5 ml / 1 cucchiaino di essenza di vaniglia (estratto)

un pizzico di sale

Mescolare insieme le briciole di biscotti e 50 g / 2 oz / ¼ di tazza di zucchero. Sbattere leggermente un albume d'uovo e mescolarlo al burro o alla margarina, quindi unirlo al composto di briciole di biscotti. Premere sul fondo e sui lati di una teglia per crema pasticcera (padella) a fondo largo da 23 cm / 9 pollici e mettere da parte.

Per fare il ripieno, sbattere insieme la crema di formaggio e la ricotta, quindi aggiungere lo zucchero rimanente, il latte, la farina, l'essenza di vaniglia e il sale. Montare gli albumi rimanenti a neve, quindi incorporarli al composto. Versare nella base e cuocere in forno preriscaldato a 180°C/350°F/gas mark 4 per 1 ora fino a quando non si solidifica al centro. Lasciare raffreddare nello stampo per 30 minuti prima di trasferirlo su una gratella per completare il raffreddamento. Conservare in frigorifero fino al momento di servire.

Cheesecake Al Cioccolato Bianco Al Forno

Fa una torta di 18 cm / 7 pollici

225 g / 8 once / 2 tazze briciole di biscotti digestivi al cioccolato naturale (semi-dolce) (graham cracker)

50 g / 2 once / ¼ di tazza di burro o margarina, sciolti

300 g / 11 once / 2¾ tazze di cioccolato bianco

400 g / 14 once / 1¾ tazza di formaggio cremoso

150 ml / ¼ pt / 2/3 tazza di panna acida (acida)

2 uova, leggermente sbattute

5 ml / 1 cucchiaino di essenza di vaniglia (estratto)

Mescolare le briciole di biscotti con il burro o la margarina e premere sul fondo di una tortiera a fondo largo da 7 pollici. Sciogliere il cioccolato bianco in una ciotola resistente al calore posta sopra una pentola di acqua bollente. Togliere dal fuoco e aggiungere la crema di formaggio, la panna, le uova e l'essenza di vaniglia. Stendere il composto sulla base e livellare la parte superiore. Cuocere in forno preriscaldato a 160°C/325°F/gas mark 3 per 1 ora fino a quando non diventa sodo al tatto. Far raffreddare nello stampo.

Cheesecake al cioccolato bianco e nocciole

Fa una torta di 23 cm / 9 pollici

225 g / 8 oz biscotti wafer al cioccolato (biscotti)

100 g / 4 once / 1 tazza di nocciole macinate

30 ml / 2 cucchiai di zucchero di canna morbido

5 ml / 1 cucchiaino di cannella in polvere

225 g / 8 once / 1 tazza di burro o margarina

450 g / 1 lb / 4 tazze di cioccolato bianco

900 g / 2 libbre / 4 tazze di crema di formaggio

4 uova

1 tuorlo d'uovo

5 ml / 1 cucchiaino di essenza di vaniglia (estratto)

Macinare o schiacciare i waffle e mescolarli con metà delle nocciole, lo zucchero e la cannella. Riserva 45 ml / 3 cucchiai della miscela per la copertura. Sciogliere 90 ml/6 cucchiai di burro o margarina e unirli al restante composto di wafer. Premere sul fondo e sui lati di una tortiera unta da 23 cm con fondo sciolto (padella) e raffreddare mentre si fa il ripieno.

Sciogliere il cioccolato in una ciotola resistente al calore posta sopra una casseruola di acqua bollente. Togliere dal fuoco e lasciare raffreddare leggermente. Sbattere il formaggio fino a renderlo leggero e soffice. Aggiungere gradualmente le uova e il tuorlo d'uovo, quindi aggiungere il burro rimanente e il cioccolato fuso. Aggiungere l'essenza di vaniglia e le restanti nocciole e sbattere fino a che liscio. Versare il ripieno nella base di briciole. Cuocere in forno preriscaldato a 150°C/300°F/gas mark 2 per 1¼ ore. Cospargi la parte superiore con il mix di biscotti wafer riservato e le noci e torna al forno per altri 15 minuti. Lasciare raffreddare, quindi raffreddare prima di servire.

Cheesecake al wafer al cioccolato bianco

Fa una torta di 23 cm / 9 pollici

225 g / 8 oz biscotti wafer al cioccolato (biscotti)

30 ml / 2 cucchiai di zucchero a velo (superfino)

5 ml / 1 cucchiaino di cannella in polvere

225 g / 8 once / 1 tazza di burro o margarina

450 g / 1 lb / 4 tazze di cioccolato bianco

900 g / 2 libbre / 4 tazze di crema di formaggio

4 uova

1 tuorlo d'uovo

5 ml / 1 cucchiaino di essenza di vaniglia (estratto)

Macinare o schiacciare i wafer e mescolare con lo zucchero e la cannella. Mettere da parte 45 ml / 3 cucchiai della miscela per ricoprire. Sciogliere 90 ml/6 cucchiai di burro o margarina e unirli al restante composto di wafer. Premere sul fondo e sui lati di una teglia per crema pasticcera da 23 cm con fondo sciolto unta (padella) e raffreddare.

Per fare il ripieno, sciogliere il cioccolato in una ciotola resistente al calore posta sopra una pentola di acqua bollente. Togliere dal fuoco e lasciare raffreddare leggermente. Sbattere il formaggio fino a renderlo leggero e soffice. Aggiungere gradualmente le uova e il tuorlo d'uovo, quindi aggiungere il burro rimanente e il cioccolato fuso. Aggiungere l'essenza di vaniglia e sbattere fino a che liscio. Versare il ripieno nella base di briciole. Cuocere in forno preriscaldato a 150°C/300°F/gas mark 2 per 1¼ ore. Cospargere la parte superiore con la miscela di wafer riservata e rimettere in forno per altri 15 minuti. Lasciare raffreddare, quindi raffreddare prima di servire.

Massa spezzata

La pasta frolla (crosta base per torta) è l'impasto (pasta) più versatile e può essere utilizzato per tutti i tipi di applicazioni, principalmente torte e pasticcini. Di solito viene cotto a 200°C/400°F/gas mark 6.

Rende 350 g / 12 once

225 g / 8 once / 2 tazze di farina semplice (per tutti gli usi)

2,5 ml / ½ cucchiaino di sale

50 g / 2 once / ¼ di tazza di strutto (ghee)

50 g / 2 once / ½ tazza di burro o margarina

30–45 ml / 2–3 cucchiai di acqua fredda

Mescolare la farina e il sale in una ciotola, quindi strofinare insieme lo strutto e il burro o la margarina fino a ottenere un composto simile al pangrattato. Cospargere uniformemente l'acqua sul composto, quindi mescolare con un coltello a lama tonda fino a quando l'impasto inizia a formare grossi grumi. Premere delicatamente con le dita finché l'impasto non forma una palla. Stendere su una superficie leggermente infarinata fino a che liscio, ma non esagerare. Avvolgere nella pellicola trasparente (pellicola) e lasciare raffreddare per 30 minuti prima dell'uso.

pasta frolla all'olio

Simile alla pasta frolla (crosta di base per torte), questa è più friabile e va utilizzata appena cotta. Di solito viene cotto a 200°C/400°F/gas mark 6.

Rende 350 g / 12 once

75 ml / 5 cucchiai di olio

65 ml / 2½ fl oz / 4½ cucchiai di acqua fredda

225 g / 8 once / 2 tazze di farina semplice (per tutti gli usi)

un pizzico di sale

Sbattere l'olio e l'acqua in una ciotola fino a quando non sono combinati. Aggiungere gradualmente la farina e il sale, mescolando con un coltello a lama tonda fino a formare un impasto. Mettere su una superficie leggermente infarinata e impastare delicatamente fino a che liscio. Avvolgere nella pellicola trasparente (pellicola) e lasciare raffreddare per 30 minuti prima dell'uso.

ricca pasta frolla

Viene utilizzato per crostate dolci e creme pasticcere, in quanto più ricco della normale pasta frolla (impasto base per crostate). Di solito viene cotto a 200°C/400°F/gas mark 6.

Rende 350 g / 12 once

150 g / 5 once / 1¼ tazze di farina semplice (per tutti gli usi)

un pizzico di sale

75 g / 3 once / 1/3 di tazza di burro non salato o margarina (dolce)

1 tuorlo d'uovo

10 ml / 2 cucchiaini di zucchero a velo (superfino)

45-60 ml / 3-4 cucchiai di acqua fredda

Mescolare la farina e il sale in una ciotola, quindi strofinare il burro o la margarina fino a quando il composto non assomiglia al pangrattato. Sbattere il tuorlo d'uovo, lo zucchero e 10 ml/2 cucchiaini di acqua in una piccola ciotola, quindi incorporare la farina con un coltello a lama tonda, aggiungendo abbastanza acqua extra per ottenere un impasto liscio. Premere in una palla, girare su una superficie leggermente infarinata e impastare delicatamente fino a che liscio. Avvolgere nella pellicola trasparente (pellicola) e lasciare raffreddare per 30 minuti prima dell'uso.

pasta al burro americana

Una pasta sfoglia appiccicosa (pasta) che dona una finitura più croccante, ideale per l'uso con la frutta. Di solito viene cotto a 200°C/400°F/gas mark 6.

Rende 350 g / 12 once

175 g / 6 once / ¾ tazza di burro o margarina, ammorbidito

225 g / 8 once / 2 tazze di farina autolievitante (lievito)

2,5 ml / ½ cucchiaino di sale

45 ml / 3 cucchiai di acqua fredda

Sbattere il burro o la margarina fino a renderli morbidi. Aggiungere gradualmente la farina, il sale e l'acqua e impastare fino ad ottenere un impasto appiccicoso. Coprire con pellicola trasparente (pellicola) e mettere in frigo per 30 minuti. Stendere tra fogli di carta da forno leggermente infarinata.

pasta al formaggio

Pasta frolla per torte salate o prodotti da forno. Di solito viene cotto a 200°C/400°F/gas mark 6.

Rende 350 g / 12 once

100 g / 4 once / 1 tazza di farina semplice (per tutti gli usi)

un pizzico di sale

un pizzico di pepe di Caienna

50 g / 2 once / ¼ di tazza di burro o margarina

50 g / 2 once / ½ tazza di formaggio cheddar grattugiato

1 tuorlo d'uovo

30 ml / 2 cucchiai di acqua fredda

Mescolare la farina, il sale e il pepe di cayenna in una ciotola, quindi strofinare il burro o la margarina fino a quando il composto non assomiglia al pangrattato. Aggiungere il formaggio, quindi mescolare il tuorlo d'uovo e l'acqua sufficiente per ottenere un impasto compatto. Mettere su una superficie leggermente infarinata e impastare delicatamente fino a ottenere un composto omogeneo. Avvolgere nella pellicola trasparente (pellicola) e lasciare raffreddare per 30 minuti prima dell'uso.

pasta choux

Una pasta leggera (pasta) che si gonfia fino a tre volte la sua dimensione senza cuocere durante la cottura. Ideale per torte e pasticcini alla crema. Di solito viene cotto a 200°C/400°F/gas mark 6.

Rende 350 g / 12 once

50 g / 2 once / ¼ di tazza di burro non salato (dolce)

150 ml / ¼ pt / 2/3 tazza di latte e acqua in quantità uguali, mescolati

75 g / 3 once / 1/3 di tazza di farina semplice (per tutti gli usi)

2 uova, leggermente sbattute

Sciogliere il burro nel latte e l'acqua in una padella a fuoco basso. Portare rapidamente a ebollizione, togliere dal fuoco. Versare tutta la farina e sbattere fino a quando il composto si stacca dalle pareti della padella. Raffreddare leggermente. Unite le uova poco alla volta, fino ad ottenere un composto liscio e lucido.

Sfoglia

La pasta sfoglia (pasta) viene utilizzata per dolci delicati come i corni alla crema. Dovrebbe essere fatto solo in condizioni fresche. Di solito viene cotto a 220°C/425°F/gas mark 7.

Rende 450 g / 1 libbra

225 g / 8 once / 2 tazze di farina semplice (per tutti gli usi)

2,5 ml / ½ cucchiaino di sale

75 g / 3 once / 1/3 di tazza di strutto (accorciamento vegetale)

75 g / 3 once / 1/3 di tazza di burro o margarina

5 ml / 1 cucchiaino di succo di limone

100 ml / 3½ fl oz / 6½ cucchiai di acqua ghiacciata

Mescolare la farina e il sale in una ciotola. Mescolare lo strutto e il burro o la margarina, quindi formare un panetto e tagliarlo in quarti. Strofina un quarto del grasso nella farina fino a quando il composto non assomiglia al pangrattato. Aggiungere il succo di limone e acqua a sufficienza per impastare con un coltello a lama tonda fino ad ottenere un impasto liscio. Coprire con pellicola trasparente (pellicola) e mettere in frigo per 20 minuti.

Stendere l'impasto su una superficie leggermente infarinata fino a ottenere uno spessore di circa 5 mm. Tritare il quarto grasso successivo e cospargere i due terzi della pastella, lasciando uno spazio attorno al bordo. Piegare il terzo non imburrato dell'impasto sopra il grasso, quindi ripiegare il terzo imburrato sopra. Premi attorno a tutte le cuciture con le dita per sigillare. Coprire con pellicola trasparente e mettere in frigo per 20 minuti.

Adagiare l'impasto sulla superficie con la cucitura a destra. Distribuire come prima, quindi cospargere con il terzo quarto del grasso. Piegare, sigillare e raffreddare come prima.

Adagiare l'impasto sulla superficie con la cucitura a sinistra. Stendere come prima, quindi cospargere con l'ultimo quarto di grasso. Piegare, sigillare e raffreddare come prima.

Stendere la pasta ad uno spessore di 5 mm / ¼ di pollice e ripiegare nuovamente. Coprire con pellicola trasparente e mettere in frigo per 20 minuti prima dell'uso.

Sfoglia

La pasta sfoglia (pasta) dovrebbe salire circa sei volte la sua altezza una volta cotta e può essere utilizzata per tutti i tipi di pasticceria leggera che richiedono un impasto soffice. In genere viene cotto a 230°C/450°F/gas mark 8.

Rende 450 g / 1 libbra

225 g / 8 once / 2 tazze di farina semplice (per tutti gli usi)

5 ml / 1 cucchiaino di sale

225 g / 8 once / 1 tazza di burro o margarina

2,5 ml/½ cucchiaino di succo di limone

150 ml / ¼ pt / 2/3 tazza di acqua ghiacciata

Mescolare la farina e il sale in una ciotola. Tagliare a pezzi 50 g di burro o margarina, quindi strofinarli con la farina fino a ottenere un composto simile al pangrattato. Aggiungere il succo di limone e l'acqua e mescolare con un coltello a lama rotonda fino a che liscio. Girare l'impasto su una superficie leggermente infarinata e impastare delicatamente fino a che liscio. Formare una palla e tagliare una croce profonda al centro, tagliando circa tre quarti dell'impasto (pasta). Aprire i lembi e stendere la pasta in modo che il centro sia più spesso dei bordi. Mettere il resto del burro o della margarina al centro dell'impasto, ripiegando i lembi per coprirlo e sigillando i bordi. Stendere la pasta in un rettangolo di 40 x 20 cm / 16 x 8 pollici, facendo attenzione a non far fuoriuscire il burro. Piega il terzo inferiore dell'impasto verso il centro, quindi piega il terzo superiore sopra. Premere i bordi per sigillare, quindi dare all'impasto un quarto di giro. Coprire con pellicola trasparente (pellicola) e mettere in frigo per 20 minuti. Ripeti l'arrotolamento, la piegatura e il raffreddamento 6 volte in totale. Coprire con pellicola trasparente e mettere in frigo per 30 minuti prima dell'uso.

pasta sfoglia cruda

Più facile da fare della pasta sfoglia (pasta), di consistenza leggera, meglio servita calda piuttosto che fredda. Di solito viene cotto a 220°C/425°F/gas mark 7.

Rende 450 g / 1 libbra

225 g / 8 once / 2 tazze di farina semplice (per tutti gli usi)

5 ml / 1 cucchiaino di sale

175 g / 6 once / ¾ tazza di burro o margarina, freddo e tagliato a cubetti

5 ml / 1 cucchiaino di succo di limone

150 ml / ¼ pt / 2/3 tazza di acqua ghiacciata

Impastare tutti gli ingredienti con un coltello a lama tonda fino a formare un impasto liscio. Accendere su una superficie leggermente infarinata e stendere con cura in un rettangolo di 30 x 10 cm / 12 x 4 di circa 2 cm / ¾ di spessore. Piega il terzo inferiore dell'impasto verso il centro, quindi il terzo superiore verso il basso. Capovolgi l'impasto in modo che la cucitura sia a sinistra e sigilla i bordi con la punta delle dita. Stendere in un rettangolo leggermente più grande, spesso circa 1/2 cm. Piegare in tre allo stesso modo, sigillare i bordi e girare l'impasto di un quarto. Coprire con pellicola trasparente (pellicola) e mettere in frigo per 20 minuti. Ripeti l'operazione rotolando, piegando e torcendo per un totale di quattro volte, raffreddando ogni due giri.

paté sucrée

Un impasto (pasta) sottile e dolce con una consistenza fondente, ottimo per crostate (torte). In genere viene cotto alla cieca a 180°C/350°F/gas mark 4.

Rende 350 g / 12 once

100 g / 4 once / 1 tazza di farina semplice (per tutti gli usi)

un pizzico di sale

50 g / 2 once / ¼ tazza di burro o margarina, ammorbidito

50 g / 2 oz / ¼ di tazza di zucchero a velo (superfino)

2 tuorli d'uovo

Setacciare la farina e il sale su un piano di lavoro freddo e fare un buco al centro. Mettere al centro il burro o la margarina, lo zucchero e i tuorli d'uovo e lavorare insieme, incorporando gradualmente la farina con la punta delle dita fino ad ottenere un impasto liscio e liscio. Coprire con pellicola trasparente (pellicola) e mettere in frigo per 30 minuti prima dell'uso.

Panini alla crema

Fa 16

50 g / 2 once / ¼ di tazza di burro non salato (dolce)

150 ml / ¼ pt / 2/3 tazza di latte e acqua in quantità uguali, mescolati

75 g / 3 once / 1/3 di tazza di farina semplice (per tutti gli usi)

2 uova sbattute

150 ml / ¼ pt / 2/3 tazza di panna doppia (pesante)

Zucchero a velo (da pasticceria), setacciato, per spolverare

Sciogliere il burro con il latte e l'acqua in una padella, quindi portare a ebollizione. Togliere dal fuoco, versare tutta la farina e sbattere fino a quando il composto si stacca dalle pareti della padella. Aggiungere gradualmente le uova un po' alla volta fino a quando non saranno appena amalgamate. Versare o raccogliere la pastella su una teglia (biscotti) inumidita e cuocere in forno preriscaldato a 200°C/400°F/gas mark 6 per 20 minuti, a seconda delle dimensioni, fino a doratura. Fai una fessura sul lato di ogni torta per consentire al vapore di fuoriuscire, quindi lascia raffreddare su una gratella. Montare la panna a neve ben ferma, quindi versarla al centro dei bignè. Servire cosparso di zucchero a velo.

Bignè al mandarino con formaggio

Fa 16

Per l'impasto (pasta):

50 g / 2 once / ¼ di tazza di burro

150 ml / ¼ pt / 2/3 tazza di acqua

75 g / 3 once / ¾ tazza di farina semplice (per tutti gli usi)

2 uova sbattute

Per il ripieno:

300 ml / ½ pt / 1¼ tazze di panna doppia (pesante)

75 g / 3 once / ¾ tazza di formaggio cheddar, grattugiato

10 ml / 2 cucchiaini di liquore all'arancia

300 g / 11 oz / 1 lattina media di mandarini, scolati

Sciogliere il burro con l'acqua in una padella e poi portare ad ebollizione. Togliere dal fuoco, versare tutta la farina e sbattere fino a quando il composto si stacca dalle pareti della padella. Aggiungere le uova un po' alla volta, un po' alla volta, fino a quando non saranno ben amalgamate. Versare o raccogliere la pastella su una teglia (biscotti) inumidita e cuocere in forno preriscaldato a 200°C/400°F/gas mark 6 per 20 minuti, a seconda delle dimensioni, fino a doratura. Fai una fessura sul lato di ogni torta per consentire al vapore di fuoriuscire, quindi lascia raffreddare su una gratella.

Montare a neve ferma metà della panna, poi unire il formaggio e il liquore. Aggiungere i bignè e spremere alcuni mandarini in ciascuno. Disponete le palline su un piatto capiente e servite con la crema rimanente.

bignè al cioccolato

10 fa

Pasta choux da 225 g / 8 once

Per il ripieno:

150 ml / ¼ pt / 2/3 tazza di panna doppia (pesante)

5 ml / 1 cucchiaino di zucchero a velo (superfino).

5 ml / 1 cucchiaino di zucchero a velo (confettieri).

Qualche goccia di essenza di vaniglia (estratto)

Per la salsa:

50 g / 2 oz / ½ tazza di cioccolato fondente (semidolce).

15 g / ½ oz / 1 cucchiaio di burro o margarina

20 ml / 4 cucchiaini di acqua

25 g / 1 oz / 3 cucchiai di zucchero a velo (da pasticcere).

Raccogliere l'impasto in una tasca da pasticcere munita di bocchetta liscia da ¾/2 cm e distribuirne 10 pezzi su una teglia leggermente unta, ben distanziati tra loro. Cuocere in forno preriscaldato a 190°C/375°F/gas mark 5 per 30 minuti fino a quando gli éclairs sono ben fissati e dorati. Mettere su una griglia e tagliare un lato per far fuoriuscire il vapore. Lasciate raffreddare.

Per fare il ripieno montare la panna con gli zuccheri e l'essenza di vaniglia. Versare negli éclair.

Per preparare la salsa, sciogliere il cioccolato, il burro o la margarina e l'acqua in un pentolino a fuoco basso, mescolando continuamente. Sbattete lo zucchero a velo e spalmatelo sulla superficie degli éclair.

profiteroles

20 fa

Pasta choux da 225 g / 8 once

Per il ripieno:

150 ml / ¼ pt / 2/3 tazza di panna doppia (pesante)

5 ml / 1 cucchiaino di zucchero a velo (superfino).

5 ml / 1 cucchiaino di zucchero a velo (confettieri).

Qualche goccia di essenza di vaniglia (estratto)

Per la salsa:

50 g di cioccolato fondente (semidolce), grattugiato

25 g / 1 oz / 2 cucchiai di zucchero a velo (superfino)

300 ml / ½ pt 1¼ tazze di latte

15 ml / 1 cucchiaio di farina di mais (amido di mais)

Qualche goccia di essenza di vaniglia (estratto)

Versare l'impasto in una sacca da pasticcere munita di bocchetta (punta) normale da ¾/2 cm e adagiare su una teglia (biscotti) leggermente unta circa 20 palline, ben distanziate tra loro. Cuocere in forno preriscaldato a 190°C / 375°F / gas mark 5 per 25 minuti fino a quando i profiteroles saranno ben lievitati e dorati. Mettere su una gratella e affettare ciascuno per far fuoriuscire il vapore. Lasciate raffreddare.

Per fare il ripieno montare la panna con gli zuccheri e l'essenza di vaniglia. Versare nei profiteroles. Disponeteli in un alto tumulo su un piatto da portata.

Per preparare la salsa, metti il cioccolato e lo zucchero in una ciotola con tutto tranne 15 ml / 1 cucchiaio di latte. Mescolare il latte messo da parte con l'amido di mais. Scaldare il latte, il cioccolato e lo zucchero a fuoco basso fino a quando il cioccolato si scioglie, mescolando di tanto in tanto. Aggiungere la miscela di farina di mais e portare a ebollizione. Far bollire per 3 minuti, mescolando. Aggiungere l'essenza di vaniglia. Filtrare in una brocca calda. Versare la salsa calda sui profiteroles, oppure lasciar raffreddare e poi versare sopra l'impasto.

Pasta sfoglia alle mandorle e pesche

Fa una torta di 23 cm / 9 pollici

Pasta sfoglia da 250 g / 12 once

225 g / 8 once / 2 tazze di mandorle tritate

175 g / 6 once / ¾ tazza di zucchero a velo (superfino)

2 uova

5 ml / 1 cucchiaino di succo di limone

15 ml / 1 cucchiaio Amaretto

1 libbra / 450 g di pesche, snocciolate (snocciolate) e tagliate a metà

Zucchero superfino (extrafino) per spolverare

50 g / 2 oz / ½ tazza di mandorle a lamelle (affettate)

Stendere la pasta su un piano leggermente infarinato formando due rettangoli spessi circa ¼/5mm. Mettine uno su una teglia inumidita. Mescolare le mandorle tritate, lo zucchero, un uovo, il succo di limone e l'Amaretto e mescolare fino ad ottenere una pasta. Stendere la pasta in un rettangolo di dimensioni simili e posizionarla sopra l'impasto. Adagiare le pesche, con la parte tagliata rivolta verso il basso, sopra la pasta di mandorle. Separare l'uovo rimasto e spennellare i bordi della pasta con un po' di tuorlo sbattuto. Piegare a metà nel senso della lunghezza il restante rettangolo di pasta. Taglia delle fessure ogni 1 cm / ½ pollice dalla piega a 1 cm / ½ pollice dal bordo opposto. Stendere l'impasto e posizionarlo sopra le pesche, premendo i bordi per sigillare. Scanalare i bordi con un coltello. Lascia raffreddare per 30 minuti. Spennellate con il restante tuorlo sbattuto e cuocete in forno preriscaldato a 220°C / 425°F / gas mark 7 per 20 minuti fino a quando saranno ben lievitati. Spennellare con l'albume, spolverare con lo zucchero a velo e cospargere con le scaglie di mandorle. Rimettere in forno per altri 10 minuti fino a doratura.

Mulini a vento di mele

Fa 6

Pasta sfoglia da 225 g / 8 once

1 mela grande da mangiare (dessert)

15 ml / 1 cucchiaio di succo di limone

30 ml / 2 cucchiai di marmellata di albicocche (conserve), setacciata (colata)

15 ml / 1 cucchiaio di acqua

Stendere la pasta e tagliarla in quadrati di 13 cm. Fai quattro tagli di 5 cm / 2 pollici sulle linee diagonali dei quadrati di pasta dal bordo verso il centro. Inumidisci il centro dei quadrati e premi un punto da ogni angolo verso il centro per creare un mulino a vento. Sbucciare, togliere il torsolo e affettare sottilmente la mela e aggiungere il succo di limone. Disporre le fette di mela al centro dei mulini a vento e cuocere in forno preriscaldato a 220°C/425°F/gas mark 7 per 10 minuti fino a quando saranno gonfi e dorati. Riscaldare la marmellata con l'acqua fino a quando non sarà ben amalgamata, quindi spalmare le mele e la glassa. Lasciate raffreddare.

corna color crema

10 fa

450 g / 1 libbra di pasta sfoglia o pasta sfoglia

1 tuorlo d'uovo

15 ml / 1 cucchiaio di latte

300 ml / ½ pt / 1¼ tazze di panna doppia (pesante)

50 g di zucchero a velo (da pasticcere), setacciato, più extra per spolverare

Stendere l'impasto in un rettangolo di 50 x 30 cm / 20 x 12 pollici, rifilare i bordi quindi tagliare longitudinalmente in strisce di 2,5 cm / 1 pollice. Amalgamare il tuorlo con il latte e spennellare accuratamente la pasta con il composto, facendo attenzione che nessun uovo si attacchi al fondo della pasta o agli stampini. Avvolgi ogni striscia attorno a uno stampo in corno di metallo, sovrapponendo i bordi delle strisce di pasta. Spennellate ancora con tuorlo e latte e mettete su una teglia (per i biscotti) capovolta. Cuocere in forno preriscaldato a 200°C/400°F/gas mark 6 per 15 minuti fino a doratura. Lasciare raffreddare per 3 minuti, quindi rimuovere gli stampi dall'impasto mentre è ancora caldo. Lasciate raffreddare. Montare a neve ferma la panna con lo zucchero a velo, quindi versare nelle corna di crema. Spolverizzate con ancora un po' di zucchero a velo.

feuilleté

Fa 6

Pasta sfoglia da 225 g / 8 once

100 g di lamponi

120 ml / 4 fl oz / ½ tazza di panna doppia (pesante)

60 ml / 4 cucchiai di zucchero a velo (dolciumi)

qualche goccia d'acqua

Qualche goccia di colorante rosso.

Stendere la pasta a uno spessore di 5 mm / ¼ su una superficie leggermente infarinata e disporre i bordi in un rettangolo. Mettere su una teglia da forno non unta (biscotti) e cuocere in forno preriscaldato a 220°C/425°F/gas mark 7 per 10 minuti fino a quando non saranno ben sollevati e dorati. Lasciate raffreddare.
Tagliare l'impasto orizzontalmente in due strati. Lavare, scolare e asciugare accuratamente la frutta. Montare la panna a neve ferma. Stendere sullo strato inferiore di pasta, guarnire con la frutta, quindi posizionare lo strato superiore di pasta sopra. Mettete lo zucchero a velo in una ciotola e aggiungete gradualmente acqua quanto basta per ottenere una glassa densa. Distribuire la maggior parte della glassa sulla parte superiore della torta. Colora il resto della glassa con un po' di colorante alimentare, aggiungendo ancora un po' di zucchero a velo se diventa troppo liquida. Pipa o spruzza delle linee sulla glassa bianca, quindi infila uno stuzzicadenti attraverso le linee per creare un effetto sfumato. Servire subito.

Torte ripiene di ricotta

Fa 16

Pasta sfoglia da 350 g / 12 once

1 albume d'uovo

10 ml / 2 cucchiaini di zucchero a velo (superfino)

Per il ripieno:

150 ml / ¼ pt / 2/3 tazza doppia (pesante) o panna da montare

100 g / 4 once / ½ tazza di ricotta

30 ml / 2 cucchiai di zucchero a velo (superfino)

45 ml / 3 cucchiai di scorza mista tritata

Zucchero a velo (da pasticcere) per spolverare

Stendere la pasta (pasta) sottilmente su una superficie leggermente infarinata e tagliare in quattro cerchi da 18 cm/7 pollici. Tagliare ogni cerchio in quarti, adagiarli su una teglia (biscotti) leggermente unta e mettere in frigo per 30 minuti.

Sbattere l'albume fino a renderlo spumoso, quindi aggiungere lo zucchero. Spennellare la pasta e cuocere in forno preriscaldato per 10 minuti fino a quando non è appena lievitata e dorata. Trasferire su una griglia e tagliare i triangoli per posizionare il ripieno con un cucchiaio. Lasciate raffreddare.

Per fare il ripieno, sbattere la panna a neve ferma. Ammorbidire la ricotta in una ciotola, poi unire la panna, lo zucchero e la frutta. Versate o versate a cucchiaiate il ripieno nelle torte e servite subito, spolverizzate di zucchero a velo.

bignè alle noci pecan

18 fa

200 g / 7 oz / 1¾ tazze di noci, macinate grossolanamente

75 g / 3 once / 1/3 di tazza di zucchero a velo (superfino).

30 ml / 2 cucchiai di liquore all'anice o Pernod

25 g / 1 oz / 2 cucchiai di burro o margarina, ammorbidito

Pasta sfoglia da 450 g / 1 libbra

1 uovo sbattuto

Mescola noci, zucchero, liquore e burro o margarina. Stendere l'impasto (pasta) su una superficie leggermente infarinata fino a ottenere un rettangolo di 60 x 30 cm / 24 x 12 pollici (oppure potete stendere metà dell'impasto alla volta). Tagliare in 18 quadrati e dividere la miscela di noci tra i quadrati. Spennellare i bordi dei quadrati con l'uovo sbattuto, piegare e sigillare a forma di salsiccia con la cucitura sotto e attorcigliare le estremità come un involucro di caramelle. Mettere su una teglia unta (per i biscotti) e spennellare con l'uovo sbattuto. Cuocere in forno preriscaldato a 230°C/450°F/gas mark 8 per 10 minuti fino a quando non sarà gonfio e dorato. Mangiare caldo il giorno in cui sono cotti.

pasticcini danesi

Rende 450 g / 1 libbra

450 g / 1 lb / 4 tazze di farina semplice (per tutti gli usi)

5 ml / 1 cucchiaino di sale

25 g / 1 oz / 2 cucchiai di zucchero a velo (superfino)

5 ml / 1 cucchiaino di cardamomo macinato

50 g / 2 once di lievito fresco o 75 ml / 5 cucchiai di lievito secco

250 ml / 8 fl oz / 1 tazza di latte

1 uovo sbattuto

300 g / 10 once / 1¼ tazze di burro, a fette

In una ciotola setacciare la farina, il sale, lo zucchero e il cardamomo. Sbattere il lievito con un po' di latte e impastare con la farina con il restante latte e l'uovo. Mescolare in un impasto e impastare fino a che liscio e lucido.

Stendere la pasta (pasta) su una superficie leggermente infarinata in un rettangolo di 56 x 30 cm / 22 x 12 pollici con uno spessore di circa 1 cm / ½ pollice. Disporre le fette di burro sopra il terzo centrale dell'impasto, lasciando uno spazio attorno ai bordi. Ripiegare un terzo dell'impasto per coprire il burro, quindi ripiegare il terzo rimanente. Premere le estremità insieme con la punta delle dita, quindi raffreddare per 15 minuti. Stendere di nuovo alla stessa dimensione, piegare in tre e lasciare raffreddare per 15 minuti. Ripeti il processo ancora una volta. Mettere l'impasto in un sacchetto di plastica infarinato e lasciarlo riposare per 15 minuti prima dell'uso.

Pretzel di compleanno danese

Serve 8

50 g / 2 once di lievito fresco

50 g / 2 once / ¼ di tazza di zucchero semolato

450 g / 1 lb / 4 tazze di farina semplice (per tutti gli usi)

250 ml / 8 fl oz / 1 tazza di latte

1 uovo

200 g / 7 once / 1 tazza scarsa di burro, freddo e affettato

Per il ripieno:

100 g / 4 once / 1 tazza di mandorle tritate

100 g / 4 once / ½ tazza di burro o margarina

100 g / 4 oz / ½ tazza di zucchero a velo (superfino)

Uovo sbattuto per glassare

25 g / 1 oz / ¼ di tazza di mandorle sbollentate, tritate grossolanamente

15 ml / 1 cucchiaio di zucchero demerara

Sbattere il lievito con lo zucchero. Mettere la farina in una ciotola. Sbattere il latte e l'uovo e unirli alla farina con il lievito. Impastare fino ad ottenere un impasto, coprire e lasciare in un luogo freddo per 1 ora. Stendere la pasta (pasta) a 56 x 30 cm / 22 x 12 pollici. Versare il burro nel terzo medio dell'impasto, evitando i bordi. Piegare un terzo dell'impasto sul burro, quindi piegare l'altro terzo e premere insieme i bordi. Lascia raffreddare per 15 minuti. Allunga, piega e raffredda altre tre volte.

Mescolare gli altri ingredienti, tranne l'uovo, le mandorle e lo zucchero, fino a che liscio.

Stendere la pasta in una striscia lunga circa 3 mm di spessore e 10 cm di larghezza. Distribuire il ripieno al centro, inumidire i bordi e premerli insieme sul ripieno. Formare una forma di pretzel su una teglia unta (per i biscotti) e lasciarla riposare per 15 minuti in un luogo caldo. Spennellare con l'uovo sbattuto e cospargere con le mandorle pelate e lo zucchero demerara. Cuocere in forno preriscaldato a 230°C/450°F/gas mark 8 per 15-20 minuti fino a quando non saranno sollevati e dorati.

Lumache di pasticceria danese

Fa 16

100 g / 4 once / ½ tazza di burro non salato (dolce), ammorbidito

60 ml / 4 cucchiai di zucchero a velo (dolciumi)

45 ml / 3 cucchiai di ribes

½ quantità di pasta danese

15 ml / 1 cucchiaio di cannella in polvere

glassa smaltata

Per preparare il ripieno, lavorare a crema il burro e lo zucchero a velo fino a ottenere un composto omogeneo, quindi aggiungere i ribes. Stendere la pasta in un rettangolo di circa 40 x 15 cm. Spalmare con il ripieno di burro e cospargere di cannella. Arrotolare dall'estremità corta per formare un rotolo svizzero (gelatina). Tagliare in 16 fette e metterle su una teglia (biscotti). Lasciare in un luogo caldo per 15 minuti. Cuocere in forno preriscaldato a 230°C/450°F/gas mark 8 per 10-15 minuti fino a doratura. Far raffreddare e decorare con la glassa.

Trecce di pasta danese

Fa 16

½ quantità di pasta danese

1 uovo sbattuto

25 g / 1 oz / 3 cucchiai di ribes

glassa smaltata

Dividi l'impasto in sei parti uguali e modella ciascuna in un lungo rotolo. Inumidisci le estremità dei rotoli e premili insieme in tre, quindi attorciglia i pezzi insieme, sigillando le estremità. Tagliare in pezzi lunghi 10 cm / 4 e posizionarli su una teglia (biscotti). Lasciare in un luogo caldo per 15 minuti. Spennellate con l'uovo sbattuto e cospargete di ribes. Cuocere in forno preriscaldato a 230°C/450°F/gas mark 8 per 10-15 minuti fino a quando non saranno ben sollevati e dorati. Lasciare raffreddare, quindi ghiacciare con glassa glassata.

Mulini a vento della pasticceria danese

Fa 16

25 g / 1 oz / ¼ di tazza di mandorle tritate

25 g / 1 oz / 3 cucchiai di zucchero a velo (da pasticcere).

un po' di albume

½ quantità di pasta danese

Per fare il ripieno, macinare insieme le mandorle e lo zucchero a velo, quindi incorporare gradualmente albume d'uovo a sufficienza per ottenere un composto compatto e liscio. Stendere la pasta e tagliarla in quadrati di 10 cm. Tagliare diagonalmente dagli angoli a 1 cm / ½ pollice dal centro. Metti un cucchiaio di ripieno al centro di ogni girandola, quindi porta quattro angoli al centro come una girandola e premi il ripieno. Mettere su una teglia (biscotti) e lasciare in un luogo caldo per 15 minuti. Spennellate con l'albume rimanente e cuocete in forno preriscaldato a 230°C/450°F/gas mark 8 per 10-15 minuti fino a quando saranno sollevati e dorati.

torte di mandorle

Fa 24

450 g / 1 lb / 2 tazze di zucchero a velo (superfino)

450 g / 1 libbra / 4 tazze di mandorle tritate

6 uova, leggermente sbattute

5 ml / 1 cucchiaino di essenza di vaniglia (estratto)

75 g / 3 once / ¾ tazza di pinoli

Mescolare lo zucchero, le mandorle tritate, le uova e l'essenza di vaniglia fino a quando non saranno ben amalgamati. Versare in una teglia 30 x 23 cm / 12 x 9 imburrata e foderata e cospargere con i pinoli. Cuocere in forno preriscaldato a 180°C/350°F/gas mark 4 per 1 ora e mezza fino a doratura e consistenza al tatto. Tagliare a quadrati.

Custodia base per pan di spagna

Fa uno 23 cm / 9 in custodia (guscio)

2 uova

200 g / 7 once / 1 tazza scarsa di zucchero a velo (superfino).

5 ml / 1 cucchiaino di essenza di vaniglia (estratto)

150 g / 5 once / 1¼ tazze di farina semplice (per tutti gli usi)

5 ml / 1 cucchiaino di lievito in polvere

un pizzico di sale

120 ml / 4 fl oz / ½ tazza di latte

50 g / 2 once / ¼ di tazza di burro o margarina

Sbattere le uova, lo zucchero e l'essenza di vaniglia, quindi unire la farina, il lievito e il sale. Portare a ebollizione il latte e il burro o la margarina in un pentolino, quindi versarli nel composto per dolci e mescolare bene. Versare in una tortiera unta da 23 cm/9 pollici (stagno) e cuocere in forno preriscaldato a 180°C/350°F/gas mark 4 per 30 minuti fino a quando non saranno leggermente dorati. Mettere su una gratella a raffreddare.

Torta di mandorle

Fa una torta di 20 cm / 8 pollici

Pasta frolla da 175 g / 6 oz

Per il ripieno:

50 g / 2 once / ¼ tazza di burro o margarina, ammorbidito

2 uova sbattute

50 g / 2 oz / ½ tazza di farina autolievitante

75 g / 3 once / ¾ tazza di mandorle tritate

Qualche goccia di essenza di mandorla (estratto)

45 ml / 3 cucchiai di succo d'arancia

400 g / 14 oz / 1 lattina grande di pesche o albicocche, ben scolate

15 ml / 1 cucchiaio di scaglie di mandorle (affettate)

Stendere la pasta (pasta) e utilizzare per rivestire uno stampo da sformato (stampo) imburrato da 20 cm / 8. Bucherellare la base con una forchetta. Sbattere il burro o la margarina e le uova fino a renderle leggere. Incorporare gradualmente la farina, le mandorle tritate, l'essenza di mandorle e il succo d'arancia. Purea di pesche o albicocche in un robot da cucina o strofinare in uno scolapasta (colabrodo). Distribuire la purea sull'impasto, quindi versarvi sopra il composto di mandorle. Cospargete con le scaglie di mandorle e cuocete in forno preriscaldato a 190°C/375°F/gas mark 5 per 40 minuti fino a quando saranno elastici al tatto.

Torta di mele e arance del XVIII secolo

Fa una torta di 18 cm / 7 pollici

Per l'impasto (pasta):

100 g / 4 once / 1 tazza di farina semplice (per tutti gli usi)

25 g / 1 oz / 2 cucchiai di zucchero a velo (superfino)

50 g / 2 once / ¼ di tazza di burro o margarina

1 tuorlo d'uovo

Per il ripieno:

75 g / 3 once / 1/3 tazza di burro o margarina, ammorbidito

75 g / 3 once / 1/3 di tazza di zucchero a velo (superfino).

4 tuorli d'uovo

25 g / 1 oz / 3 cucchiai di scorza mista tritata (candita).

Scorza grattugiata di 1 arancia grande

1 mela da mangiare (dessert)

Per preparare l'impasto, mescolare la farina e lo zucchero in una ciotola, quindi strofinare il burro o la margarina fino a quando il composto non assomiglia al pangrattato. Aggiungere i tuorli d'uovo e mescolare leggermente fino ad ottenere un impasto. Avvolgere nella pellicola trasparente (pellicola) e lasciare raffreddare per 30 minuti prima dell'uso. Stendere l'impasto e utilizzare per foderare un anello di 18 cm di torta unta.

Per preparare il ripieno, unisci il burro o la margarina e lo zucchero fino a ottenere un composto leggero e spumoso, quindi mescola insieme i tuorli, la scorza mista e la scorza d'arancia. Versare la pastella sopra l'impasto. Sbucciare, togliere il torsolo e grattugiare la mela e spalmarla sullo sformato. Cuocere in forno preriscaldato a 180°C/350°F/gas mark 4 per 30 minuti.

torta di mele tedesca

Fa una torta di 20 cm / 8 pollici

Per l'impasto (pasta):

100 g / 4 once / 1 tazza di farina autolievitante

50 g / 2 once / ¼ di tazza di zucchero di canna morbido

25 g / 1 oz / ¼ di tazza di mandorle tritate

75 g / 3 once / 1/3 di tazza di burro o margarina

5 ml / 1 cucchiaino di succo di limone

1 tuorlo d'uovo

Per il ripieno:

450 g / 1 libbra di mele da cuocere (torta), sbucciate, private del torsolo e affettate

75 g / 3 once / 1/3 di tazza di zucchero di canna morbido

scorza grattugiata di 1 limone

5 ml / 1 cucchiaino di succo di limone

Per il condimento:

50 g / 2 once / ¼ di tazza di burro o margarina

50 g / 2 once / ½ tazza di farina semplice (per tutti gli usi)

5 ml / 1 cucchiaino di cannella in polvere

150 g / 5 once / 2/3 tazza di zucchero di canna morbido

Per fare l'impasto, mescolare insieme la farina, lo zucchero e le mandorle, quindi strofinare nel burro o nella margarina fino a quando il composto non assomiglia al pangrattato. Aggiungere il succo di limone e il tuorlo d'uovo e mescolare fino a che liscio. Premere nella base di una tortiera da 20 cm unta (padella). Amalgamate gli ingredienti del ripieno e distribuiteli sulla base. Per fare il condimento, strofinare il burro o la margarina nella farina e nella cannella, quindi aggiungere lo zucchero e spalmare sul ripieno. Cuocere in forno preriscaldato a 180°C/350°F/gas mark 4 per 1 ora fino a doratura.

torta di mele con miele

Fa una torta di 20 cm / 8 pollici

Per l'impasto (pasta):

75 g / 3 once / 1/3 di tazza di burro o margarina

175 g / 6 once / 1½ tazze di farina integrale (integrale)

un pizzico di sale

5 ml / 1 cucchiaino di miele chiaro

1 tuorlo d'uovo

30 ml / 2 cucchiai di acqua fredda

Per il ripieno:

900 g / 2 libbre di mele cotte (crostata)

30 ml / 2 cucchiai d'acqua

75 ml / 5 cucchiai di miele chiaro

scorza grattugiata e succo di 1 limone

25 g / 1 oz / 2 cucchiai di burro o margarina

2,5 ml / ½ cucchiaino di cannella in polvere

2 mele mangiatrici (per dessert)

Per fare l'impasto, strofinare il burro o la margarina nella farina e nel sale fino a quando il composto non assomiglia al pangrattato. Aggiungi il miele. Sbattete il tuorlo d'uovo con un po' d'acqua e incorporatelo al composto, aggiungendo acqua quanto basta per ottenere un impasto liscio. Avvolgere nella pellicola trasparente (pellicola trasparente) e mettere in frigo per 30 minuti.

Per fare il ripieno, sbucciate, sbucciate e affettate le mele cotte e fate sobbollire con l'acqua fino a renderle morbide. Aggiungere 3 cucchiai / 45 ml di miele, la scorza di limone, il burro o la margarina e la cannella e cuocere senza coperchio finché non si riduce a una purea. Lasciate raffreddare.

Stendere l'impasto su una superficie leggermente infarinata e foderare un anello per flan di 20 cm / 8 pollici. Tritate tutto con una forchetta, coprite con carta oleata e riempite con i fagiolini. Cuocere in forno preriscaldato a 200°C/400°F/gas mark 6 per 10 minuti. Rimuovere carta e fagioli. Ridurre la temperatura del forno a 190°C / 375°F / gas mark 5. Versare la salsa di mele nella scatola. Torsolo mele da mangiare senza sbucciarle, quindi tagliarle a fettine sottili. Disporre in cerchi accuratamente sovrapposti sopra la purea. Cuocere in forno preriscaldato per 30 minuti fino a quando le mele sono cotte e leggermente dorate.

Mettere il miele rimanente in una padella con il succo di limone e scaldare dolcemente finché il miele non si sarà sciolto. Versare sopra il flan cotto per glassare.

torta di arance e marsala

Fa una torta di 23 cm / 9 pollici

175 g / 6 once / 1 tazza di uva sultanina (uvetta dorata)

120 ml / 4 fl oz / ½ tazza di Marsala

175 g / 6 once / ¾ tazza di burro o margarina, ammorbidito

100 g / 4 once / ½ tazza di zucchero di canna morbido

225 g / 8 once / 1 tazza di zucchero a velo (superfino)

3 uova, leggermente sbattute

Scorza finemente grattugiata di 1 arancia

5 ml / 1 cucchiaino di acqua di fiori d'arancio

275 g / 10 once / 2½ tazze di farina semplice (per tutti gli usi)

10 ml / 2 cucchiaini di bicarbonato di sodio (bicarbonato di sodio)

un pizzico di sale

375 ml / 13 fl oz / 1 tazza e mezzo di latticello

Glassa di liquore all'arancia

Mettete a bagno l'uva sultanina nel Marsala per una notte.

Crema di burro o margarina e zuccheri fino a renderla leggera e soffice. A poco a poco, sbattere le uova, quindi unire la scorza d'arancia e l'acqua di fiori d'arancio. Aggiungere la farina, il bicarbonato e il sale alternandoli al latticello. Aggiungere l'uvetta ammollata e il Marsala. Versare in due tortiere da 23 cm / 9 unte e foderate e cuocere in forno preriscaldato a 180°C / 350°F / gas mark 4 per 35 minuti fino a quando diventano elastici al tatto e iniziano a restringersi al tatto. delle lattine Lasciare raffreddare negli stampi per 10 minuti prima di trasferirli su una gratella per completare il raffreddamento.

Unire le torte con metà della glassa al liquore all'arancia, quindi spalmare sopra il resto della glassa.

Torta di pesche e pere

Fa una torta di 23 cm / 9 pollici

175 g / 6 once / ¾ tazza di burro o margarina, ammorbidito

150 g / 5 once / 2/3 tazza di zucchero a velo (superfino).

2 uova, leggermente sbattute

75 g / 3 oz / ¾ tazza di farina integrale (integrale)

75 g / 3 once / ¾ tazza di farina semplice (per tutti gli usi)

10 ml / 2 cucchiaini di lievito per dolci

15 ml / 1 cucchiaio di latte

2 pesche, snocciolate (snocciolate), senza pelle e tritate

2 pere, sbucciate, private del torsolo e tritate

30 ml / 2 cucchiai di zucchero a velo (da pasticcere), setacciato

Crema di burro o margarina e zucchero fino a renderla leggera e spumosa. A poco a poco sbattete le uova, poi aggiungete le farine e il lievito, aggiungendo il latte per dare al composto una consistenza liquida. Aggiungere le pesche e le pere. Versare il composto in una tortiera da 23 cm/9" imburrata e foderata e cuocere in forno preriscaldato a 190°C/375°F/gas mark 5 per 1 ora fino a quando non sarà ben lievitato e elastico al tatto. . Lasciare raffreddare nello stampo per 10 minuti prima di trasferirlo su una gratella per completare il raffreddamento. Spolverare con zucchero a velo prima di servire.

torta morbida all'ananas

Fa una torta di 20 cm / 8 pollici

100 g / 4 once / ½ tazza di burro o margarina

350 g / 12 oz / 2 tazze di frutta secca mista (miscela per torta di frutta)

225 g / 8 once / 1 tazza di zucchero di canna morbido

5 ml / 1 cucchiaino di spezie macinate miste (torta di mele)

5 ml / 1 cucchiaino di bicarbonato di sodio (bicarbonato di sodio)

425 g / 15 oz / 1 lattina grande ananas schiacciato senza zucchero, sgocciolato

225 g / 8 once / 2 tazze di farina autolievitante (lievito)

2 uova sbattute

Mettere tutti gli ingredienti tranne la farina e le uova in una padella e scaldare delicatamente a ebollizione, mescolando bene. Bollire costantemente per 3 minuti, quindi lasciare raffreddare completamente la miscela. Aggiungere la farina e poi aggiungere gradualmente le uova. Versare il composto in una tortiera da 20 cm unta e foderata e cuocere in forno preriscaldato a 180°C/350°F/gas mark 4 per 1½ – 1¾ ore fino a quando non sarà ben lievitato e sodo al tatto. Far raffreddare nello stampo.

Torta di ciliegie all'ananas

Fa una torta di 20 cm / 8 pollici

100 g / 4 once / ½ tazza di burro o margarina, ammorbidito

100 g / 4 once / 1 tazza di zucchero a velo (superfino)

2 uova sbattute

225 g / 8 once / 2 tazze di farina autolievitante (lievito)

2,5 ml / ½ cucchiaino di lievito in polvere

2,5 ml / ½ cucchiaino di cannella in polvere

175 g / 6 once / 1 tazza di uva sultanina (uvetta dorata)

25 g / 1 oz / 2 cucchiai di ciliegie glassate (candite)

400 g / 14 oz / 1 lattina grande di ananas, scolati e tritati

30 ml / 2 cucchiai di brandy o rum

Zucchero a velo (da pasticceria), setacciato, per spolverare

Crema di burro o margarina e zucchero fino a renderla leggera e spumosa. A poco a poco sbattere le uova, quindi aggiungere la farina, il lievito e la cannella. Aggiungere delicatamente gli altri ingredienti. Versare il composto in una teglia (padella) da 20 cm unta e foderata e cuocere in forno preriscaldato a 160°C / 325°F / gas mark 3 per 1 ora e mezza fino a quando uno stecchino inserito al centro della teglia non risulta pulito. Lasciate raffreddare e servite cospargendo di zucchero a velo.

Torta di Natale all'ananas

Fa una torta di 23 cm / 9 pollici

50 g / 2 once / ¼ di tazza di burro o margarina

100 g / 4 oz / ½ tazza di zucchero a velo (superfino)

1 uovo, leggermente sbattuto

150 g / 5 once / 1¼ tazze di farina autolievitante (lievito)

un pizzico di sale

120 ml / 4 fl oz / ½ tazza di latte

Per il condimento:

4 once / 100 g di ananas fresco o in scatola, grattugiato grossolanamente

1 mela da mangiare (da dessert), sbucciata, priva di torsolo e grattugiata grossolanamente

120 ml / 4 fl oz / ½ tazza di succo d'arancia

15 ml / 1 cucchiaio di succo di limone

100 g / 4 oz / ½ tazza di zucchero a velo (superfino)

5 ml / 1 cucchiaino di cannella in polvere

Sciogli il burro o la margarina, quindi aggiungi lo zucchero e l'uovo fino a ottenere un composto spumoso. Aggiungere la farina e il sale alternativamente con il latte per fare un impasto. Versare in una tortiera (teglia) da 23 cm/9" imburrata e foderata e cuocere in forno preriscaldato a 180°C/350°F/gas mark 4 per 25 minuti fino a quando diventa dorata e elastica.

Portare a ebollizione tutti gli ingredienti della guarnizione, quindi cuocere a fuoco lento per 10 minuti. Versare sopra il biscotto caldo e grigliare (grigliare) fino a quando l'ananas inizia a dorare. Lasciate raffreddare prima di servire tiepido o freddo.

ananas capovolto

Fa una torta di 20 cm / 8 pollici

175 g / 6 once / ¾ tazza di burro o margarina, ammorbidito

175 g / 6 once / ¾ tazza di zucchero di canna morbido

400 g / 14 once / 1 lattina grande di fette di ananas, scolate e riservate il succo

4 ciliegie glassate (candite), tagliate a metà

2 uova

100 g / 4 once / 1 tazza di farina autolievitante

Sbattere 75 g / 3 once / 1/3 di tazza di burro o margarina con 75 g / 3 once / 1/3 di tazza di zucchero fino a ottenere un composto chiaro e spumoso e distribuirlo sul fondo di una tortiera unta da 20 cm / 8 pollici (padella). Disporre sopra le fette di ananas e cospargere con le ciliegie, con il lato arrotondato rivolto verso il basso. Montare a crema il resto del burro o della margarina e lo zucchero, quindi sbattere gradualmente le uova. Aggiungere la farina e 30 ml/2 cucchiai del succo d'ananas messo da parte. Versare sopra l'ananas e cuocere in forno preriscaldato a 180°C/350°F/gas mark 4 per 45 minuti fino a quando non è sodo al tatto. Lasciare raffreddare nella teglia per 5 minuti, quindi rimuovere con attenzione dalla teglia e capovolgere su una griglia a raffreddare.

Torta ananas e noci

Fa una torta di 23 cm / 9 pollici

225 g / 8 once / 1 tazza di burro o margarina, ammorbidito

225 g / 8 once / 1 tazza di zucchero a velo (superfino)

5 uova

350 g / 12 oz / 3 tazze di farina semplice (per tutti gli usi)

100 g / 4 once / 1 tazza di noci, tritate grossolanamente

100 g / 4 once / 2/3 tazza di ananas glassato (candito), tritato

Un po' di latte

Crema di burro o margarina e zucchero fino a renderla leggera e spumosa. A poco a poco sbattere le uova, quindi aggiungere la farina, le noci e l'ananas, aggiungendo il latte quanto basta per ottenere una consistenza sottile. Mettere in una tortiera (teglia per muffin) da 23 cm unta e foderata e cuocere in forno preriscaldato a 150°C / 300°F / gas mark 2 per 1 ora e mezza fino a quando uno stecchino inserito al centro risulta pulito.

torta di lamponi

Fa una torta di 20 cm / 8 pollici

100 g / 4 once / ½ tazza di burro o margarina, ammorbidito

200 g / 7 once / 1 tazza scarsa di zucchero a velo (superfino).

2 uova, leggermente sbattute

250 ml / 8 fl oz / 1 tazza di panna acida (acido da latte)

5 ml / 1 cucchiaino di essenza di vaniglia (estratto)

250 g / 9 once / 2¼ tazze di farina semplice (per tutti gli usi)

5 ml / 1 cucchiaino di lievito in polvere

5 ml / 1 cucchiaino di bicarbonato di sodio (bicarbonato di sodio)

5 ml / 1 cucchiaino di cacao in polvere (cioccolato non zuccherato)

2,5 ml / ½ cucchiaino di sale

4 once / 100 g di lamponi freschi o congelati, scongelati

Per il condimento:

30 ml / 2 cucchiai di zucchero a velo (superfino)

5 ml / 1 cucchiaino di cannella in polvere

Crema di burro o margarina e zucchero. Aggiungere gradualmente le uova, quindi la panna acida e l'essenza di vaniglia. Aggiungere la farina, il lievito, il bicarbonato, il cacao e il sale. Aggiungere i lamponi. Versare in una tortiera da 20 cm unta (padella). Mescolare lo zucchero e la cannella insieme e cospargere sulla parte superiore della torta. Cuocere in forno preriscaldato a 200°C / 400°F / gas mark 4 per 35 minuti fino a doratura e uno spiedino al centro risulta pulito. Cospargere con lo zucchero mescolato con la cannella.

Tortino al Rabarbaro

Fa una torta di 20 cm / 8 pollici

225 g / 8 once / 2 tazze di farina integrale (integrale)

10 ml / 2 cucchiaini di lievito per dolci

10 ml / 2 cucchiaini di cannella in polvere

45 ml / 3 cucchiai di miele chiaro

175 g / 6 once / 1 tazza di uva sultanina (uvetta dorata)

2 uova

150 ml / ¼ pt / 2/3 tazza di latte

8 once / 225 g di rabarbaro, tritato

30 ml / 2 cucchiai di zucchero demerara

Frullare tutti gli ingredienti tranne il rabarbaro e lo zucchero. Aggiungere il rabarbaro e il cucchiaio in una tortiera da 20 cm imburrata e infarinata. Cospargere con lo zucchero. Cuocere in forno preriscaldato a 180°C/350°F/gas mark 4 per 45 minuti fino a quando non si solidifica. Lasciare raffreddare nello stampo per 10 minuti prima di sformare.

torta al rabarbaro e miele

Per due torte da 450 g / 1 lb

250 g / 9 once / 2/3 tazza di miele chiaro

120 ml / 4 fl oz / ½ tazza di olio

1 uovo, leggermente sbattuto

15 ml / 1 cucchiaio di bicarbonato di sodio (bicarbonato di sodio)

150 ml / ¼ pt / 2/3 tazza di yogurt bianco

75 ml / 5 cucchiai d'acqua

350 g / 12 oz / 3 tazze di farina semplice (per tutti gli usi)

10 ml / 2 cucchiaini di sale

350 g di rabarbaro, tritato finemente

5 ml / 1 cucchiaino di essenza di vaniglia (estratto)

50 g / 2 once / ½ tazza di noci miste tritate

Per il condimento:

75 g / 3 once / 1/3 di tazza di zucchero di canna morbido

5 ml / 1 cucchiaino di cannella in polvere

15 ml / 1 cucchiaio di burro o margarina, sciolto

Mescolare il miele e l'olio, quindi sbattere l'uovo. Mescolare il bicarbonato di sodio con lo yogurt e l'acqua fino a quando non si scioglie. Mescolare la farina e il sale e unirli al composto di miele alternandoli allo yogurt. Aggiungere il rabarbaro, l'essenza di vaniglia e le noci. Versare in due stampi per muffin da 450 g/1 libbra unti e rivestiti. Mescolare gli ingredienti per la guarnizione e cospargere sulle torte. Cuocere in forno preriscaldato a 160°C/325°F/gas mark 3 per 1 ora fino a quando non è sodo al tatto e dorato in superficie. Lasciare raffreddare nelle teglie per 10 minuti, quindi posizionare su una gratella per completare il raffreddamento.

torta di barbabietole

Fa una torta di 20 cm / 8 pollici

250 g / 9 once / 1¼ tazze di farina semplice (per tutti gli usi)

15 ml / 1 cucchiaio di lievito in polvere

5 ml / 1 cucchiaino di cannella in polvere

un pizzico di sale

150 ml / 8 fl oz / 1 tazza di olio

300 g / 11 once / 11/3 tazze di zucchero a velo (superfino).

3 uova, separate

150 g di barbabietola cruda, sbucciata e grattugiata grossolanamente

150 g di carote, grattugiate grossolanamente

100 g / 4 once / 1 tazza di noci miste tritate

Mescolare la farina, il lievito, la cannella e il sale. Sbattere l'olio e lo zucchero. Sbattere i tuorli, le barbabietole, le carote e le noci. Montare a neve ferma gli albumi, quindi incorporarli al composto con un cucchiaio di metallo. Versare il composto in una tortiera (teglia) da 20 cm/8" imburrata e foderata e cuocere in forno preriscaldato a 180°C/350°F/gas mark 4 per 1 ora fino a renderla elastica al tatto.

Torta di banane e carote

Fa una torta di 20 cm / 8 pollici

175 g di carote, grattugiate

2 banane, schiacciate

75 g / 3 oz / ½ tazza di uva sultanina (uvetta dorata)

50 g / 2 once / ½ tazza di noci miste tritate

175 g / 6 once / 1½ tazza di farina autolievitante

5 ml / 1 cucchiaino di lievito in polvere

5 ml / 1 cucchiaino di spezie macinate miste (torta di mele)

Succo e scorza di 1 arancia

2 uova sbattute

75 g / 3 once / 1/2 tazza di zucchero di canna chiaro

100 ml / 31/2 fl oz / 1/2 tazza scarsa di olio di semi di girasole

Mescolare tutti gli ingredienti fino a quando ben combinati. Mettere in una tortiera da 20 cm / 8 unta e foderata e cuocere in forno preriscaldato a 180 ° C / 350 ° F / gas mark 4 per 1 ora fino a quando uno stecchino inserito al centro risulta pulito.

Torta di mele e carote

Fa una torta di 23 cm / 9 pollici

250 g / 9 oz / 2¼ tazze di farina autolievitante (lievito)

5 ml / 1 cucchiaino di bicarbonato di sodio (bicarbonato di sodio)

5 ml / 1 cucchiaino di cannella in polvere

175 g / 6 once / ¾ tazza di zucchero di canna morbido

Scorza finemente grattugiata di 1 arancia

3 uova

200 ml / 7 fl oz / 1 tazza scarsa di olio

150 g / 5 oz mangiare mele (dessert), sbucciate, private del torsolo e grattugiate

150 g di carote grattugiate

100 g / 4 oz / 2/3 tazza di albicocche secche pronte al consumo, tritate

100 g / 4 once / 1 tazza di noci pecan o noci, tritate

Mescolare la farina, il bicarbonato di sodio e la cannella, quindi aggiungere lo zucchero e la scorza d'arancia. Sbattere le uova nell'olio, quindi aggiungere la mela, le carote e due terzi delle albicocche e delle noci. Incorporare il composto di farina e versarlo in una tortiera da 9 pollici unta e foderata. Cospargere con le restanti albicocche e noci tritate. Cuocere in forno preriscaldato a 180°C/350°F/gas mark 4 per 30 minuti fino a quando non diventa elastico al tatto. Lasciare raffreddare leggermente nello stampo, quindi posizionarlo su una gratella per completare il raffreddamento.

Torta di carote e cannella

Fa una torta di 20 cm / 8 pollici

100 g / 4 oz / 1 tazza di farina integrale (integrale)

100 g / 4 once / 1 tazza di farina semplice (per tutti gli usi)

15 ml / 1 cucchiaio di cannella in polvere

5 ml / 1 cucchiaino di noce moscata grattugiata

10 ml / 2 cucchiaini di lievito per dolci

100 g / 4 once / ½ tazza di burro o margarina

100 g / 4 once / 1/3 di tazza di miele chiaro

100 g / 4 once / ½ tazza di zucchero di canna morbido

225 g di carote grattugiate

Mescolare le farine, la cannella, la noce moscata e il lievito in una ciotola. Sciogliere il burro o la margarina con il miele e lo zucchero, quindi mescolare con la farina. Aggiungere le carote e mescolare bene. Mettere in una tortiera da 20 cm / 8 unta e foderata e cuocere in forno preriscaldato a 160 ° C / 325 ° F / gas mark 3 per 1 ora fino a quando uno stecchino inserito al centro risulta pulito. Lasciare raffreddare nello stampo per 10 minuti, quindi posizionare su una gratella per completare il raffreddamento.

Torta di carote e zucchine

Fa una torta di 23 cm / 9 pollici

2 uova

175 g / 6 once / ¾ tazza di zucchero di canna morbido

100 g di carote grattugiate

50 g di zucchine (zucchine), grattugiate

75 ml / 5 cucchiai di olio

225 g / 8 once / 2 tazze di farina autolievitante (lievito)

2,5 ml / ½ cucchiaino di lievito in polvere

5 ml / 1 cucchiaino di spezie macinate miste (torta di mele)

Glassa Di Formaggio Cremoso

Mescolare le uova, lo zucchero, le carote, le zucchine e l'olio. Aggiungere la farina, il lievito e il mix di spezie e mescolare fino a che liscio. Mettere in una tortiera (teglia) da 23 cm unta e foderata e cuocere in forno preriscaldato a 180°C / 350°F / gas mark 4 per 30 minuti fino a quando uno stecchino inserito al centro risulta pulito. . Lasciare raffreddare e spalmare con la glassa al formaggio cremoso.

torta di carote e zenzero

Fa una torta di 20 cm / 8 pollici

175 g / 6 once / 2/3 tazza di burro o margarina

100 g / 4 once / 1/3 di tazza di sciroppo d'oro (mais chiaro)

120 ml / 4 fl oz / ½ tazza d'acqua

100 g / 4 once / ½ tazza di zucchero di canna morbido

150 g di carote, grattugiate grossolanamente

5 ml / 1 cucchiaino di bicarbonato di sodio (bicarbonato di sodio)

200 g / 7 oz / 1¾ tazza di farina semplice (per tutti gli usi)

100 g / 4 once / 1 tazza di farina autolievitante

5 ml / 1 cucchiaino di zenzero macinato

un pizzico di sale

Per la glassa (glassa):
175 g / 6 once / 1 tazza di zucchero a velo (da pasticcere), setacciato

5 ml / 1 cucchiaino di burro o margarina, ammorbidito

30 ml / 2 cucchiai di succo di limone

Sciogliere il burro o la margarina con lo sciroppo, l'acqua e lo zucchero, quindi portare a ebollizione. Togliere dal fuoco e aggiungere le carote e il bicarbonato di sodio. Lasciate raffreddare. Mescolare le farine, lo zenzero e il sale, mettere un cucchiaio in una tortiera da 20 cm unta e cuocere in forno preriscaldato a 180°C / 350°F / gas mark 4 per 45 minuti fino a quando il tocco è ben sollevato ed elastico. Spegnere e lasciare raffreddare.

Mescolare lo zucchero a velo con il burro o la margarina e abbastanza succo di limone per fare una glassa spalmabile. Tagliare la torta a metà orizzontalmente, quindi utilizzare metà della glassa per avvolgere la torta e spalmare il resto sopra.

Torta di carote e noci

Fa una torta di 18 cm / 7 pollici

2 uova grandi, separate

150 g / 5 once / 2/3 tazza di zucchero a velo (superfino).

225 g di carote grattugiate

150 g / 5 once / 1¼ tazze di noci miste tritate

10 ml / 2 cucchiaini di scorza di limone grattugiata

50 g / 2 once / ½ tazza di farina semplice (per tutti gli usi)

2,5 ml / ½ cucchiaino di lievito in polvere

Sbattere i tuorli e lo zucchero fino a ottenere un composto denso e cremoso. Aggiungere le carote, le noci e la scorza di limone, quindi aggiungere la farina e il lievito. Sbattere gli albumi fino a formare picchi morbidi, quindi incorporarli al composto. Trasforma in una tortiera quadrata unta da 19 cm / 7 pollici. Cuocere in forno preriscaldato a 180°C/350°F/gas mark 4 per 40-45 minuti fino a quando uno stecchino inserito al centro risulta pulito.

Torta di carote, arance e noci

Fa una torta di 20 cm / 8 pollici

100 g / 4 once / ½ tazza di burro o margarina, ammorbidito

100 g / 4 once / ½ tazza di zucchero di canna morbido

5 ml / 1 cucchiaino di cannella in polvere

5 ml / 1 cucchiaino di buccia d'arancia grattugiata

2 uova, leggermente sbattute

15 ml / 1 cucchiaio di succo d'arancia

100 g di carote, grattugiate finemente

50 g / 2 once / ½ tazza di noci miste tritate

225 g / 8 once / 2 tazze di farina autolievitante (lievito)

5 ml / 1 cucchiaino di lievito in polvere

Sbattere il burro o la margarina, lo zucchero, la cannella e la scorza d'arancia fino a ottenere un composto chiaro e spumoso. Aggiungere gradualmente le uova e il succo d'arancia, quindi aggiungere le carote, le noci, la farina e il lievito. Versare in una tortiera (teglia) da 20 cm/8" imburrata e foderata e cuocere in forno preriscaldato a 180°C/350°F/gas mark 4 per 45 minuti fino a quando non diventa elastica al tatto.

Torta di carote, ananas e cocco

Fa una torta di 25 cm / 10 pollici

3 uova

350 g / 12 oz / 1½ tazza di zucchero a velo (superfino)

300 ml / ½ pt / 1¼ tazze di olio

5 ml / 1 cucchiaino di essenza di vaniglia (estratto)

225 g / 8 once / 2 tazze di farina semplice (per tutti gli usi)

5 ml / 1 cucchiaino di bicarbonato di sodio (bicarbonato di sodio)

10 ml / 2 cucchiaini di cannella in polvere

5 ml / 1 cucchiaino di sale

225 g di carote grattugiate

100 g di ananas in scatola, scolati e tritati

100 g / 4 once / 1 tazza di cocco essiccato (tritato)

100 g / 4 once / 1 tazza di noci miste tritate

Zucchero a velo (da pasticceria), setacciato, per spolverare

Sbattere le uova, lo zucchero, l'olio e l'essenza di vaniglia. Mescolare la farina, il bicarbonato di sodio, la cannella e il sale e incorporare gradualmente al composto. Aggiungere le carote, l'ananas, il cocco e le noci. Mettere in una tortiera da 25 cm/10" imburrata e infarinata e cuocere in forno preriscaldato a 160°C/325°F/gas mark 3 per 1¼ ore fino a quando uno stecchino inserito al centro risulta pulito. Lasciare raffreddare nello stampo per 10 minuti prima di trasferirlo su una gratella per completare il raffreddamento. Spolverare con zucchero a velo prima di servire.

Torta di carote e pistacchio

Fa una torta di 23 cm / 9 pollici

100 g / 4 once / ½ tazza di burro o margarina, ammorbidito

100 g / 4 oz / ½ tazza di zucchero a velo (superfino)

2 uova

225 g / 8 once / 2 tazze di farina semplice (per tutti gli usi)

5 ml / 1 cucchiaino di bicarbonato di sodio (bicarbonato di sodio)

5 ml / 1 cucchiaino di cardamomo macinato

225 g di carote grattugiate

50 g / 2 once / ½ tazza di pistacchi, tritati

50 g / 2 oz / ½ tazza di mandorle tritate

100 g / 4 oz / 2/3 tazza di uva sultanina (uvetta dorata)

Crema di burro o margarina e zucchero fino a renderla leggera e spumosa. Sbattere gradualmente le uova, sbattendo bene dopo ogni aggiunta, quindi aggiungere la farina, il bicarbonato di sodio e il cardamomo. Aggiungere le carote, le noci, le mandorle tritate e l'uvetta. Versare il composto in una tortiera (teglia) da 23 cm/9" imburrata e foderata e cuocere in forno preriscaldato a 180°C/350°F/gas mark 4 per 40 minuti fino a cottura, dorata ed elastica.

Torta di carote e noci

Fa una torta di 23 cm / 9 pollici

200 ml / 7 fl oz / 1 tazza scarsa di olio

4 uova

225 g / 8 once / 2/3 tazza di miele chiaro

225 g / 8 once / 2 tazze di farina integrale (integrale)

10 ml / 2 cucchiaini di lievito per dolci

2,5 ml / ½ cucchiaino di bicarbonato di sodio (bicarbonato di sodio)

un pizzico di sale

5 ml / 1 cucchiaino di essenza di vaniglia (estratto)

175 g di carote, grattugiate grossolanamente

175 g / 6 once / 1 tazza di uvetta

100 g / 4 once / 1 tazza di noci, tritate finemente

Frullare l'olio, le uova e il miele. Mescolare gradualmente tutti gli ingredienti rimanenti e sbattere fino a quando non saranno ben amalgamati. Mettere in una tortiera unta e infarinata (stagno) e cuocere in forno preriscaldato a 180°C / 350°F / gas mark 4 per 1 ora fino a quando uno stecchino inserito al centro risulta pulito.

Torta Di Carote Speziata

Fa una torta di 18 cm / 7 pollici

175 g / 6 once / 1 tazza di datteri

120 ml / 4 fl oz / ½ tazza d'acqua

175 g / 6 once / ¾ tazza di burro o margarina, ammorbidito

2 uova, leggermente sbattute

225 g / 8 once / 2 tazze di farina autolievitante (lievito)

175 g di carote, finemente grattugiate

25 g / 1 oz / ¼ di tazza di mandorle tritate

scorza grattugiata di 1 arancia

2,5 ml / ½ cucchiaino di spezie macinate miste (torta di mele)

2,5 ml / ½ cucchiaino di cannella in polvere

2,5 ml / ½ cucchiaino di zenzero macinato

Per la glassa (glassa):

350 g / 12 oz / 1½ tazza di formaggio quark

25 g / 1 oz / 2 cucchiai di burro o margarina, ammorbidito

scorza grattugiata di 1 arancia

Metti i datteri e l'acqua in una piccola pentola, porta ad ebollizione e fai sobbollire per 10 minuti fino a quando non si ammorbidiscono. Rimuovere ed eliminare i noccioli (noccioli), quindi tritare finemente i datteri. Mescolare i datteri e il liquido, il burro o la margarina e le uova fino a ottenere una crema. Aggiungere tutti gli altri ingredienti della torta. Versare il composto in una tortiera da 18 cm imburrata e foderata (teglia per muffin) e cuocere in forno preriscaldato a 180°C / 350°F / gas mark 4 per 1 ora fino a quando uno stecchino inserito al centro non esce pulito. Lasciare raffreddare nello stampo per 10 minuti prima di trasferirlo su una gratella per completare il raffreddamento.

Per preparare la glassa, sbattere tutti gli ingredienti fino a renderli omogenei, aggiungendo un po' più di succo d'arancia o acqua se necessario. Tagliare la torta a metà orizzontalmente, inserire gli strati con metà della glassa e spalmare il resto sopra.

Torta di carote e zucchero di canna

Fa una torta di 18 cm / 7 pollici

5 uova, separate

200 g / 7 once / 1 tazza scarsa di zucchero di canna morbido

15 ml / 1 cucchiaio di succo di limone

300 g di carote grattugiate

225 g / 8 once / 2 tazze di mandorle tritate

25 g / 1 oz / ¼ di tazza di farina integrale (integrale)

5 ml / 1 cucchiaino di cannella in polvere

25 g / 1 oz / 2 cucchiai di burro o margarina, sciolti

25 g / 1 oz / 2 cucchiai di zucchero a velo (superfino)

30 ml / 2 cucchiai di panna semplice (leggera)

75 g / 3 once / ¾ tazza di noci miste tritate

Sbattere i tuorli fino a renderli spumosi, sbattere lo zucchero fino a che liscio, quindi frullare con il succo di limone. Aggiungere un terzo delle carote, poi un terzo delle mandorle e continuare in questo modo fino ad amalgamare il tutto. Aggiungere la farina e la cannella. Montate gli albumi a neve ben ferma, quindi incorporateli al composto con un cucchiaio di metallo. Trasforma in una tortiera profonda 18 cm/7 imburrata e foderata e cuoci in forno preriscaldato a 180°C/350°F/gas mark 4 per 1 ora. Coprire la torta con carta da forno (oleata) e ridurre la temperatura del forno a 160°C/325°F/gas mark 3 per altri 15 minuti o fino a quando la torta si restringe leggermente dai lati della teglia e il centro è ancora umido. .

Unire il burro fuso o la margarina, lo zucchero, la panna e le noci, versare sulla torta e cuocere su una griglia media (polla da carne) fino a doratura.

Torta di zucchine e zucca

Fa una torta di 20 cm / 8 pollici

225 g / 8 once / 1 tazza di zucchero a velo (superfino)

2 uova sbattute

120 ml / 4 fl oz / ½ tazza di olio

100 g / 4 once / 1 tazza di farina semplice (per tutti gli usi)

5 ml / 1 cucchiaino di lievito in polvere

2,5 ml / ½ cucchiaino di bicarbonato di sodio (bicarbonato di sodio)

2,5 ml / ½ cucchiaino di sale

100 g di zucchine (zucchine), grattugiate

100 g / 4 once di ananas tritato

50 g / 2 once / ½ tazza di noci, tritate

5 ml / 1 cucchiaino di essenza di vaniglia (estratto)

Sbattere lo zucchero e le uova fino a renderle chiare e ben amalgamate. Sbattere l'olio e poi gli ingredienti secchi. Aggiungere le zucchine, l'ananas, le noci e l'essenza di vaniglia. Mettere in una tortiera unta e infarinata (stagno) e cuocere in forno preriscaldato a 180°C / 350°F / gas mark 4 per 1 ora fino a quando uno stecchino inserito al centro risulta pulito. Lasciare raffreddare nello stampo per 30 minuti prima di trasferirlo su una gratella per completare il raffreddamento.

Torta di zucchine e arance

Fa una torta di 25 cm / 10 pollici

225 g / 8 once / 1 tazza di burro o margarina, ammorbidito

450 g / 1 libbra / 2 tazze di zucchero di canna morbido

4 uova, leggermente sbattute

275 g / 10 once / 2½ tazze di farina semplice (per tutti gli usi)

15 ml / 1 cucchiaio di lievito in polvere

2,5 ml / ½ cucchiaino di sale

5 ml / 1 cucchiaino di cannella in polvere

2,5 ml / ½ cucchiaino di noce moscata grattugiata

Un pizzico di chiodi di garofano macinati

Scorza grattugiata e succo di 1 arancia

225 g / 8 once / 2 tazze di zucchine (zucchine), grattugiate

Crema di burro o margarina e zucchero fino a renderla leggera e spumosa. A poco a poco sbattete le uova, poi aggiungete la farina, il lievito, il sale e le spezie alternandole con la scorza e il succo d'arancia. Aggiungere le zucchine. Versare in una tortiera (teglia) da 25 cm/10" imburrata e foderata e cuocere in forno preriscaldato a 180°C/350°F/gas mark 4 per 1 ora fino a quando diventa dorata e elastica al tatto. Se la parte superiore inizia a dorare troppo verso la fine della cottura, coprila con carta oleata (oleata).

Torta di zucchine speziata

Fa una torta di 25 cm / 10 pollici

350 g / 12 oz / 3 tazze di farina semplice (per tutti gli usi)

10 ml / 2 cucchiaini di lievito per dolci

7,5 ml / 1½ cucchiaino di cannella in polvere

5 ml / 1 cucchiaino di bicarbonato di sodio (bicarbonato di sodio)

2,5 ml / ½ cucchiaino di sale

8 albumi d'uovo

450 g / 1 lb / 2 tazze di zucchero a velo (superfino)

100 g / 4 once / 1 tazza di salsa di mele (salsa)

120 ml / 4 fl oz / ½ tazza di latticello

15 ml / 1 cucchiaio di essenza di vaniglia (estratto)

5 ml / 1 cucchiaino di buccia d'arancia finemente grattugiata

350 g / 12 oz / 3 tazze di zucchine (zucchine), grattugiate

75 g / 3 once / ¾ tazza di noci, tritate

Per il condimento:

100 g / 4 once / ½ tazza di formaggio cremoso

25 g / 1 oz / 2 cucchiai di burro o margarina, ammorbidito

5 ml / 1 cucchiaino di buccia d'arancia finemente grattugiata

10 ml / 2 cucchiaini di succo d'arancia

350 g / 12 oz / 2 tazze di zucchero a velo (da pasticcere), setacciato

Mescolare gli ingredienti secchi. Sbattere gli albumi fino a formare delle cime morbide. Aggiungere lentamente lo zucchero, quindi la salsa di mele, il latticello, l'essenza di vaniglia e la scorza d'arancia. Aggiungere il composto di farina, poi le zucchine e le noci. Mettere in una tortiera da 25 cm/10" imburrata e infarinata e cuocere in forno preriscaldato a 150°C/300°F/gas mark 2 per 1 ora fino a quando uno stecchino inserito al centro risulta pulito. Far raffreddare nello stampo.

Sbattere tutti gli ingredienti per la copertura fino a renderli omogenei, aggiungendo lo zucchero quanto basta per ottenere una consistenza spalmabile. Distribuire sulla torta raffreddata.

Torta alla zucca

Fa una torta di 23 x 33 cm / 9 x 13 pollici

450 g / 1 lb / 2 tazze di zucchero a velo (superfino)

4 uova sbattute

375 ml / 13 fl oz / 1 tazza e mezzo di olio

350 g / 12 oz / 3 tazze di farina semplice (per tutti gli usi)

15 ml / 1 cucchiaio di lievito in polvere

10 ml / 2 cucchiaini di bicarbonato di sodio (bicarbonato di sodio)

10 ml / 2 cucchiaini di cannella in polvere

2,5 ml / ½ cucchiaino di zenzero macinato

un pizzico di sale

Zucca cotta a cubetti da 225 g / 8 once

100 g / 4 once / 1 tazza di noci, tritate

Sbattere lo zucchero e le uova fino a quando non saranno ben amalgamati, quindi aggiungere l'olio. Mescolare gli ingredienti rimanenti. Mettere in una teglia (stagno) da 23 x 33 cm / 9 x 13 unta e infarinata e cuocere in forno preriscaldato a 180°C / 350°F / gas mark 4 per 1 ora fino a quando non fuoriesce uno spiedino inserito. centro pulito.

Torta di zucca con frutta

Fa una torta di 20 cm / 8 pollici

100 g / 4 once / ½ tazza di burro o margarina, ammorbidito

150 g / 5 once / 2/3 tazza di zucchero di canna morbido

2 uova, leggermente sbattute

225 g / 8 oz di zucca cotta a freddo

30 ml / 2 cucchiai di sciroppo d'oro (mais chiaro)

8 oz / 225 g 1/1/3 tazze di frutta secca mista (miscela per torta di frutta)

225 g / 8 once / 2 tazze di farina autolievitante (lievito)

50 g / 2 once / ½ tazza di crusca

Crema di burro o margarina e zucchero fino a renderla leggera e spumosa. Aggiungere gradualmente le uova e poi aggiungere il resto degli ingredienti. Mettere in una tortiera (teglia) da 20 cm unta e foderata e cuocere in forno preriscaldato a 160°C / 325°F / gas mark 3 per 1¼ ore fino a quando uno stecchino inserito al centro risulta pulito.

Rotolo di spezie alla zucca

Fa un rotolo di 30 cm / 12 pollici.

75 g / 3 once / ¾ tazza di farina semplice (per tutti gli usi)

5 ml / 1 cucchiaino di bicarbonato di sodio (bicarbonato di sodio)

5 ml / 1 cucchiaino di zenzero macinato

2,5 ml / ½ cucchiaino di noce moscata grattugiata

10 ml / 2 cucchiaini di cannella in polvere

un pizzico di sale

1 uovo

225 g / 8 once / 1 tazza di zucchero a velo (superfino)

100 g di zucca cotta, a dadini

5 ml / 1 cucchiaino di succo di limone

4 albumi d'uovo

50 g / 2 once / ½ tazza di noci, tritate

50 g / 2 oz / 1/3 di tazza di zucchero a velo (da pasticcere), setacciato

Per il ripieno:

175 g / 6 once / 1 tazza di zucchero a velo (da pasticcere), setacciato

100 g / 4 once / ½ tazza di formaggio cremoso

2,5 ml / ½ cucchiaino di essenza di vaniglia (estratto)

Mescolare la farina, il bicarbonato di sodio, le spezie e il sale. Sbattere l'uovo fino a renderlo denso e chiaro, quindi aggiungere lo zucchero fino a ottenere un composto chiaro e cremoso. Aggiungere la zucca e il succo di limone. Aggiungere il composto di farina. In una ciotola pulita, sbattere i bianchi a neve. Piegare l'impasto per dolci e stenderlo su una teglia per rotoli svizzeri da 30 x 12 cm unta e foderata e cospargere con le noci. Cuocere in forno preriscaldato a 190°C/375°F/gas mark 5 per 10 minuti fino a quando non diventa elastico al tatto. Setacciare lo zucchero a velo su un canovaccio pulito (asciugatutto) e capovolgere la torta sul canovaccio. Rimuovere la carta da rivestimento e arrotolare la torta e l'asciugamano, quindi lasciarla raffreddare.

Per fare il ripieno, sbattere gradualmente lo zucchero con la crema di formaggio e l'essenza di vaniglia fino ad ottenere un composto spalmabile. Srotolare la torta e spalmarvi sopra il ripieno. Arrotolare nuovamente la torta e farla raffreddare prima di servirla spolverizzata con un altro po' di zucchero a velo.

torta al rabarbaro e miele

Per due torte da 450 g / 1 lb

250 g / 9 once / ¾ tazza di miele chiaro

100 ml / 4 fl oz / ½ tazza di olio

1 uovo

5 ml / 1 cucchiaino di bicarbonato di sodio (bicarbonato di sodio)

60 ml / 4 cucchiai d'acqua

350 g / 12 oz / 3 tazze di farina integrale (integrale)

10 ml / 2 cucchiaini di sale

350 g di rabarbaro, tritato finemente

5 ml / 1 cucchiaino di essenza di vaniglia (estratto)

50 g / 2 oz / ½ tazza di noci miste tritate (opzionale)

Per il condimento:

75 g / 3 once / 1/3 di tazza di zucchero di canna

5 ml / 1 cucchiaino di cannella in polvere

15 g / ½ oz / 1 cucchiaio di burro o margarina, ammorbidito

Mescolare miele e olio. Aggiungere l'uovo e sbattere bene. Aggiungere il bicarbonato di sodio all'acqua e lasciarlo sciogliere. Mescolare la farina e il sale. Aggiungere alla miscela di miele alternativamente con la miscela di bicarbonato di sodio. Aggiungere il rabarbaro, l'essenza di vaniglia e le noci, se usate. Versare in due padelle unte da 450 g/1 libbra (ramekins). Mescolare gli ingredienti per la guarnizione e spalmarli sul composto per torte. Cuocere in forno preriscaldato a 180°C/350°F/gas mark 4 per 1 ora fino a quando non diventa elastico al tatto.

tortino di patate dolci

Fa una torta di 23 cm / 9 pollici

300 g / 11 oz / 2¾ tazze di farina semplice (per tutti gli usi)

15 ml / 1 cucchiaio di lievito in polvere

5 ml / 1 cucchiaino di cannella in polvere

5 ml / 1 cucchiaino di noce moscata grattugiata

un pizzico di sale

350 g / 12 oz / 1¾ tazza di zucchero a velo (superfino).

375 ml / 13 fl oz / 1 tazza e mezzo di olio

60 ml / 4 cucchiai di acqua bollita

4 uova, separate

8 once / 225 g di patate dolci, sbucciate e grattugiate grossolanamente

100 g / 4 once / 1 tazza di noci miste tritate

5 ml / 1 cucchiaino di essenza di vaniglia (estratto)

                Per la glassa (glassa):
225 g / 8 once / 11/3 tazze di zucchero a velo (da pasticcere), setacciato

50 g / 2 once / ¼ tazza di burro o margarina, ammorbidito

250 g / 9 oz / 1 formaggio cremoso medio in vaschetta

50 g / 2 once / ½ tazza di noci miste tritate

Un pizzico di cannella in polvere per spolverare

Mescolare la farina, il lievito, la cannella, la noce moscata e il sale. Sbattere lo zucchero e l'olio, quindi aggiungere l'acqua bollente e sbattere fino a quando non saranno ben amalgamati. Aggiungere i tuorli e la miscela di farina e mescolare fino a quando non saranno ben amalgamati. Aggiungere le patate dolci, le noci e l'essenza di vaniglia. Montare a neve ferma gli albumi, poi incorporarli al composto. Versare in due tortiere unte e infarinate (padelle) e cuocere in forno preriscaldato a 180°C/350°F/gas mark 4 per 40 minuti fino a quando non diventa elastico al tatto. Lasciare raffreddare nelle teglie per 5 minuti, quindi posizionare su una gratella per completare il raffreddamento.

Mescolare lo zucchero a velo, il burro o la margarina e metà della crema di formaggio. Distribuire metà della restante crema di formaggio su una torta, quindi spalmare la glassa sul formaggio. Metti insieme le torte. Distribuire sopra la restante crema di formaggio e cospargere con le noci e la cannella prima di servire.

Torta di mandorle italiana

Fa una torta di 20 cm / 8 pollici

1 uovo

150 ml / ¼ pt / 2/3 tazza di latte

2,5 ml / ½ cucchiaino di essenza di mandorle (estratto)

45 ml / 3 cucchiai di burro fuso

350 g / 12 oz / 3 tazze di farina semplice (per tutti gli usi)

100 g / 4 oz / ½ tazza di zucchero a velo (superfino)

10 ml / 2 cucchiaini di lievito per dolci

2,5 ml / ½ cucchiaino di sale

1 albume d'uovo

100 g / 4 once / 1 tazza di mandorle tritate

Sbattere l'uovo in una ciotola, quindi aggiungere gradualmente il latte, l'essenza di mandorle e il burro fuso, continuando a sbattere. Aggiungere la farina, lo zucchero, il lievito e il sale e continuare a mescolare fino a che liscio. Versare in una tortiera da 20 cm/8" imburrata e foderata. Sbattere l'albume fino a renderlo spumoso, quindi distribuirlo generosamente sulla parte superiore della torta e cospargere con le mandorle. Cuocere in forno preriscaldato a 220°C/425°F/gas mark 7 per 25 minuti fino a doratura e consistenza elastica al tatto.

Torta di mandorle e caffè

Fa una torta di 23 cm / 9 pollici

8 uova, separate

175 g / 6 once / ¾ tazza di zucchero a velo (superfino)

60 ml / 4 cucchiai di caffè nero forte

175 g / 6 once / 1½ tazza di mandorle tritate

45 ml / 3 cucchiai di semolino (crema di grano)

100 g / 4 once / 1 tazza di farina semplice (per tutti gli usi)

Sbattere i tuorli e lo zucchero fino a ottenere un composto molto denso e cremoso. Aggiungere il caffè, le mandorle tritate e il semolino e sbattere bene. Aggiungere la farina. Montare a neve ferma gli albumi, poi incorporarli al composto. Versare in una tortiera unta da 23 cm / 9 pollici (teglia) e cuocere in forno preriscaldato a 180 ° C / 350 ° F / gas mark 4 per 45 minuti fino a quando non diventa elastico al tatto.

Torta di mandorle e miele

Fa una torta di 20 cm / 8 pollici

225 g di carote grattugiate

75 g / 3 once / ¾ tazza di mandorle, tritate

2 uova sbattute

100 ml / 4 fl oz / ½ tazza di miele chiaro

60 ml / 4 cucchiai di olio

150 ml / ¼ pt / 2/3 tazza di latte

150 g / 5 once / 1¼ tazze di farina integrale (integrale)

10 ml / 2 cucchiaini di sale

10 ml / 2 cucchiaini di bicarbonato di sodio (bicarbonato di sodio)

15 ml / 1 cucchiaio di cannella in polvere

Mescolare carote e noci. Sbattere le uova con il miele, l'olio e il latte, quindi unirle al composto di carote. Mescolare la farina, il sale, il bicarbonato di sodio e la cannella e aggiungere il composto di carote. Versare il composto in una teglia quadrata da 20 cm / 8 pollici unta e foderata e cuocere in forno preriscaldato a 150 ° C / 300 ° F / gas mark 2 per 1 ora e ¾ finché non fuoriesce uno stecchino inserito al centro. . Lasciare raffreddare nello stampo per 10 minuti prima di sformare.

Torta al limone e mandorle

Fa una torta di 23 cm / 9 pollici

25 g / 1 oz / ¼ di tazza di mandorle a lamelle (affettate)

100 g / 4 once / ½ tazza di burro o margarina, ammorbidito

100 g / 4 once / ½ tazza di zucchero di canna morbido

2 uova sbattute

100 g / 4 once / 1 tazza di farina autolievitante

scorza grattugiata di 1 limone

Per lo sciroppo:

75 g / 3 once / 1/3 di tazza di zucchero a velo (superfino).

45-60 ml / 3-4 cucchiai di succo di limone

Imburrate e foderate uno stampo da torta (stampo) da 23 cm e cospargete le mandorle sulla base. Lavorare a crema il burro e lo zucchero di canna. Sbattete le uova una alla volta, poi aggiungete la farina e la scorza di limone. Versare nello stampo preparato e livellare la superficie. Cuocere in forno preriscaldato a 180°C/350°F/gas mark 4 per 20-25 minuti fino a quando non sarà ben lievitato ed elastico al tatto.

Nel frattempo, scaldare lo zucchero a velo e il succo di limone in una padella, mescolando di tanto in tanto, finché lo zucchero non si sarà sciolto. Togliere la torta dal forno e lasciare raffreddare per 2 minuti, quindi capovolgere su una gratella con il lato inferiore rivolto verso l'alto. Versare lo sciroppo con un cucchiaio e lasciarlo raffreddare completamente.

Torta di Mandorle all'Arancia

Fa una torta di 20 cm / 8 pollici

225 g / 8 once / 1 tazza di burro o margarina, ammorbidito

225 g / 8 once / 1 tazza di zucchero a velo (superfino)

4 uova, separate

225 g / 8 once / 2 tazze di farina semplice (per tutti gli usi)

10 ml / 2 cucchiaini di lievito per dolci

50 g / 2 oz / ½ tazza di mandorle tritate

5 ml / 1 cucchiaino di buccia d'arancia grattugiata

Crema di burro o margarina e zucchero fino a renderla leggera e spumosa. Sbattete i tuorli, quindi aggiungete la farina, il lievito, le mandorle tritate e la scorza d'arancia. Montare a neve ferma gli albumi, quindi incorporarli al composto con un cucchiaio di metallo. Mettere in una tortiera da 20 cm / 8 unta e foderata e cuocere in forno preriscaldato a 180 ° C / 350 ° F / gas mark 4 per 1 ora fino a quando uno stecchino inserito al centro risulta pulito.

ricca torta di mandorle

Fa una torta di 18 cm / 7 pollici

100 g / 4 once / ½ tazza di burro o margarina, ammorbidito

150 g / 5 once / 2/3 tazza di zucchero a velo (superfino).

3 uova, leggermente sbattute

75 g / 3 once / ¾ tazza di mandorle tritate

50 g / 2 once / ½ tazza di farina semplice (per tutti gli usi)

Qualche goccia di essenza di mandorla (estratto)

Crema di burro o margarina e zucchero fino a renderla leggera e spumosa. Aggiungere gradualmente le uova e quindi aggiungere le mandorle tritate, la farina e l'essenza di mandorle. Versare in una tortiera (teglia) da 18 cm/7" imburrata e foderata e cuocere in forno preriscaldato a 180°C/350°F/gas mark 4 per 45 minuti fino a quando non diventa elastica al tatto.

Torta di maccheroni svedese

Fa una torta di 23 cm / 9 pollici

100 g / 4 once / 1 tazza di mandorle tritate

75 g / 3 once / 1/3 di tazza di zucchero semolato

5 ml / 1 cucchiaino di lievito in polvere

2 albumi d'uovo grandi, sbattuti

Mescolare le mandorle, lo zucchero e il lievito. Incorporare gli albumi fino a ottenere un composto denso e liscio. Versare in una teglia (padella) da 23 cm/9" unta e foderata e cuocere in forno preriscaldato a 160°C/325°F/gas mark 3 per 20–25 minuti fino a quando non è appena lievitata e dorata. Rimuovere con molta attenzione dallo stampo poiché la torta è fragile.

pane al cocco

Produce una pagnotta da 450 g / 1 libbra

100 g / 4 once / 1 tazza di farina autolievitante

225 g / 8 once / 1 tazza di zucchero a velo (superfino)

100 g / 4 once / 1 tazza di cocco essiccato (tritato)

1 uovo

120 ml / 4 fl oz / ½ tazza di latte

un pizzico di sale

Mescolare bene tutti gli ingredienti e versare in uno stampo da plumcake imburrato e foderato da 450 g/1 libbra. Cuocere in forno preriscaldato a 180°C/350°F/gas mark 4 per circa 1 ora fino a doratura e consistenza elastica al tatto.

torta al cocco

Fa una torta di 23 cm / 9 pollici

75 g / 3 once / 1/3 di tazza di burro o margarina

150 ml / ¼ pt / 2/3 tazza di latte

2 uova, leggermente sbattute

225 g / 8 once / 1 tazza di zucchero a velo (superfino)

150 g / 5 once / 1¼ tazze di farina autolievitante (lievito)

un pizzico di sale

                      Per il condimento:
100 g / 4 once / ½ tazza di burro o margarina

75 g / 3 once / ¾ tazza di cocco essiccato (tritato)

60 ml / 4 cucchiai di miele chiaro

45 ml / 3 cucchiai di latte

50 g / 2 once / ¼ di tazza di zucchero di canna morbido

Sciogliere il burro o la margarina nel latte e lasciar raffreddare leggermente. Sbattere le uova e lo zucchero a velo fino a renderle chiare e spumose, quindi incorporare il composto di burro e latte. Aggiungere la farina e il sale fino ad ottenere un composto abbastanza fine. Versare in una tortiera (teglia) da 23 cm/9" imburrata e foderata e cuocere in forno preriscaldato a 180°C/350°F/gas mark 4 per 40 minuti fino a doratura ed elastica al tatto.

Nel frattempo, portare a ebollizione gli ingredienti per la guarnizione in una padella. Metti la torta calda e versa la miscela di topping. Mettere sotto una griglia calda (polli da carne) per alcuni minuti fino a quando la copertura inizia a dorare.

torta al cocco dorata

Fa una torta di 20 cm / 8 pollici

100 g / 4 once / ½ tazza di burro o margarina, ammorbidito

200 g / 7 once / 1 tazza scarsa di zucchero a velo (superfino).

200 g / 7 oz / 1¾ tazza di farina semplice (per tutti gli usi)

10 ml / 2 cucchiaini di lievito per dolci

un pizzico di sale

175 ml / 6 fl oz / ¾ tazza di latte

3 albumi d'uovo

Per il ripieno e la farcitura:

150 g / 5 once / 1¼ tazze di cocco essiccato (tritato)

200 g / 7 once / 1 tazza scarsa di zucchero a velo (superfino).

120 ml / 4 fl oz / ½ tazza di latte

120 ml / 4 fl oz / ½ tazza d'acqua

3 tuorli d'uovo

Crema di burro o margarina e zucchero fino a renderla leggera e spumosa. Mescolare la farina, il lievito e il sale nel composto alternando con il latte e l'acqua fino ad ottenere un impasto liscio. Montare a neve ferma gli albumi, poi incorporarli all'impasto. Versare il composto in due tortiere unte da 20 cm/8 pollici e cuocere in forno preriscaldato a 180°C/350°F/gas mark 4 per 25 minuti fino a quando non diventa elastico al tatto. Lasciate raffreddare.

Unisci cocco, zucchero, latte e tuorli d'uovo in una piccola casseruola. Cuocere a fuoco basso per qualche minuto fino a quando le uova saranno cotte, mescolando continuamente. Lasciate raffreddare. Unire le torte insieme a metà del composto di cocco, quindi aggiungere il resto sopra.

Torta ricoperta di cocco

Fa una torta di 9 x 18 cm / 3½ x 7

100 g / 4 once / ½ tazza di burro o margarina, ammorbidito

175 g / 6 once / ¾ tazza di zucchero a velo (superfino)

3 uova

175 g / 6 once / 1½ tazza di farina semplice (per tutti gli usi)

5 ml / 1 cucchiaino di lievito in polvere

175 g / 6 once / 1 tazza di uva sultanina (uvetta dorata)

120 ml / 4 fl oz / ½ tazza di latte

6 biscotti semplici (biscotti), schiacciati

100 g / 4 once / ½ tazza di zucchero di canna morbido

100 g / 4 once / 1 tazza di cocco essiccato (tritato)

Sbattere il burro o la margarina e lo zucchero a velo fino a ottenere un composto chiaro e spumoso. A poco a poco sbattere due uova, quindi aggiungere la farina, il lievito e l'uvetta alternativamente con il latte. Versare metà del composto in uno stampo da plumcake imburrato e foderato da 450 g. Mescolare l'uovo rimasto con le briciole di biscotti, lo zucchero di canna e il cocco e cospargere nella teglia. Versare il restante composto e cuocere in forno preriscaldato a 180°C / 350°F / gas mark 4 per 1 ora. Lasciare raffreddare nello stampo per 30 minuti, quindi posizionare su una gratella per completare il raffreddamento.

torta cocco e limone

Fa una torta di 20 cm / 8 pollici

100 g / 4 once / ½ tazza di burro o margarina, ammorbidito

75 g / 3 once / 1/3 di tazza di zucchero di canna morbido

scorza grattugiata di 1 limone

1 uovo sbattuto

Qualche goccia di essenza di mandorla (estratto)

350 g / 12 oz / 3 tazze di farina autolievitante

60 ml / 4 cucchiai di marmellata di lamponi (riserva)

Per il condimento:

1 uovo sbattuto

75 g / 3 once / 1/3 di tazza di zucchero di canna morbido

225 g / 8 once / 2 tazze di cocco essiccato (tritato)

Crema di burro o margarina, zucchero e scorza di limone fino a ottenere un composto chiaro e spumoso. Incorporare gradualmente l'uovo e l'essenza di mandorle e poi aggiungere la farina. Versare il composto in una tortiera da 20 cm imburrata e foderata. Versare la marmellata sul composto. Sbattere gli ingredienti per il condimento e distribuirli sul composto. Cuocere in forno preriscaldato a 180°C/350°F/gas mark 4 per 30 minuti fino a quando non diventa elastico al tatto. Far raffreddare nello stampo.

Torta al cocco di Capodanno

Fa una torta di 18 cm / 7 pollici

100 g / 4 once / ½ tazza di burro o margarina, ammorbidito

100 g / 4 oz / ½ tazza di zucchero a velo (superfino)

2 uova, leggermente sbattute

75 g / 3 once / ¾ tazza di farina semplice (per tutti gli usi)

45 ml / 3 cucchiai di cocco essiccato (grattugiato)

30 ml / 2 cucchiai di rum

Qualche goccia di essenza di mandorla (estratto)

Qualche goccia di essenza di limone (estratto)

Sbattere il burro e lo zucchero fino a ottenere un composto chiaro e spumoso. A poco a poco sbattete le uova, poi aggiungete la farina e il cocco. Aggiungere il rum e le essenze. Versare in una tortiera da 18 cm/7" imburrata e foderata e livellare la superficie. Cuocere in forno preriscaldato a 190°C / 375°F / gas mark 5 per 45 minuti fino a quando uno stecchino inserito al centro risulta pulito. Far raffreddare nello stampo.

Torta cocco e uvetta

Fa una torta di 23 cm / 9 pollici

100 g / 4 once / ½ tazza di burro o margarina, ammorbidito

175 g / 6 once / ¾ tazza di zucchero a velo (superfino)

2 uova, leggermente sbattute

175 g / 6 once / 1½ tazza di farina semplice (per tutti gli usi)

5 ml / 1 cucchiaino di lievito in polvere

un pizzico di sale

175 g / 6 once / 1 tazza di uva sultanina (uvetta dorata)

120 ml / 4 fl oz / ½ tazza di latte

Per il ripieno:

1 uovo, leggermente sbattuto

50 g / 2 once / ½ tazza di briciole di biscotti semplici

100 g / 4 once / ½ tazza di zucchero di canna morbido

100 g / 4 once / 1 tazza di cocco essiccato (tritato)

Sbattere il burro o la margarina e lo zucchero a velo fino a ottenere un composto chiaro e spumoso. Incorporare gradualmente le uova. Incorporare la farina, il lievito, il sale e l'uva sultanina con abbastanza latte per ottenere una consistenza omogenea. Versare metà del composto in una tortiera da 9 pollici unta. Mescolare gli ingredienti per il ripieno e versare il composto sopra la pastella, quindi ricoprire con il restante composto per torte. Cuocere in forno preriscaldato a 180°C / 350°F / gas mark 4 per 1 ora fino a quando diventa elastico al tatto e comincia a restringersi dai lati della teglia. Lasciate raffreddare nello stampo prima di sformare.

torta croccante alle noci

Fa una torta di 23 cm / 9 pollici

225 g / 8 once / 1 tazza di burro o margarina, ammorbidito

225 g / 8 once / 1 tazza di zucchero a velo (superfino)

2 uova, leggermente sbattute

225 g / 8 once / 2 tazze di farina semplice (per tutti gli usi)

2,5 ml / ½ cucchiaino di bicarbonato di sodio (bicarbonato di sodio)

2,5 ml / ½ cucchiaino di cremor tartaro

200 ml / 7 fl oz / 1 tazza scarsa di latte

Per il condimento:

100 g / 4 once / 1 tazza di noci miste tritate

100 g / 4 once / ½ tazza di zucchero di canna morbido

5 ml / 1 cucchiaino di cannella in polvere

Sbattere il burro o la margarina e lo zucchero a velo fino a ottenere un composto chiaro e spumoso. A poco a poco sbattete le uova, poi aggiungete la farina, il bicarbonato e il cremor tartaro alternandoli al latte. Versare in una tortiera da 9 pollici unta e foderata (padella). Mescolare insieme le noci, lo zucchero di canna e la cannella e cospargere sulla torta. Cuocere in forno preriscaldato a 180°C/350°F/gas mark 4 per 40 minuti fino a doratura e i lati della teglia si restringono. Lasciare raffreddare nello stampo per 10 minuti, quindi posizionare su una gratella per completare il raffreddamento.

Torta Di Noci Miste

Fa una torta di 23 cm / 9 pollici

100 g / 4 once / ½ tazza di burro o margarina, ammorbidito

225 g / 8 once / 1 tazza di zucchero a velo (superfino)

1 uovo sbattuto

225 g / 8 once / 2 tazze di farina autolievitante (lievito)

10 ml / 2 cucchiaini di lievito per dolci

un pizzico di sale

250 ml / 8 fl oz / 1 tazza di latte

5 ml / 1 cucchiaino di essenza di vaniglia (estratto)

2,5 ml / ½ cucchiaino di essenza di limone (estratto)

100 g / 4 once / 1 tazza di noci miste tritate

Crema di burro o margarina e zucchero fino a renderla leggera e spumosa. Aggiungere gradualmente l'uovo. Mescolare la farina, il lievito e il sale e unirli al composto alternandoli al latte e alle essenze. Piegare le noci. Versare in due tortiere da 23 cm / 9 unte e foderate e cuocere in forno preriscaldato a 180 ° F / 350 ° F / gas mark 4 per 40 minuti fino a quando uno stecchino inserito al centro risulta pulito.

torta di noci greca

Fa una torta di 25 cm / 10 pollici

100 g / 4 once / ½ tazza di burro o margarina, ammorbidito

225 g / 8 once / 1 tazza di zucchero a velo (superfino)

3 uova, leggermente sbattute

250 g / 9 once / 2¼ tazze di farina semplice (per tutti gli usi)

225 g / 8 once / 2 tazze di noci macinate

10 ml / 2 cucchiaini di lievito per dolci

5 ml / 1 cucchiaino di cannella in polvere

1,5 ml / ¼ cucchiaino di chiodi di garofano macinati

un pizzico di sale

75 ml / 5 cucchiai di latte

Per lo sciroppo di miele:

175 g / 6 once / ¾ tazza di zucchero a velo (superfino)

75 g / 3 once / ¼ di tazza di miele chiaro

15 ml / 1 cucchiaio di succo di limone

250 ml / 8 fl oz / 1 tazza di acqua bollente

Crema di burro o margarina e zucchero fino a renderla leggera e spumosa. Aggiungere gradualmente le uova, quindi aggiungere la farina, le noci, il lievito, le spezie e il sale. Aggiungere il latte e mescolare fino a che liscio. Versare in una tortiera da 25 cm/10" imburrata e infarinata e cuocere in forno preriscaldato a 180°C/350°F/gas mark 4 per 40 minuti fino a quando non diventa elastica al tatto. Lasciare raffreddare nello stampo per 10 minuti, quindi trasferire su una gratella.

Per preparare lo sciroppo, mescola lo zucchero, il miele, il succo di limone e l'acqua e scalda fino a quando non si scioglie.

Punzecchiare tutta la torta calda con una forchetta, quindi versare lo sciroppo di miele.

torta gelato alle noci

Fa una torta di 18 cm / 7 pollici

100 g / 4 once / ½ tazza di burro o margarina, ammorbidito

100 g / 4 oz / ½ tazza di zucchero a velo (superfino)

2 uova, leggermente sbattute

100 g / 4 once / 1 tazza di farina autolievitante

100 g / 4 once / 1 tazza di noci, tritate

un pizzico di sale

Per la glassa (glassa):
450 g / 1 libbra / 2 tazze di zucchero semolato

150 ml / ¼ pt / 2/3 tazza di acqua

2 albumi d'uovo

Alcune metà di noce per decorare

Sbattere il burro o la margarina e lo zucchero a velo fino a ottenere un composto chiaro e spumoso. Aggiungere gradualmente le uova, quindi aggiungere la farina, le noci e il sale. Versare il composto in due tortiere (padelle) da 18 cm/7" imburrate e foderate e cuocere in forno preriscaldato a 180°C/350°F/gas mark 4 per 25 minuti fino a quando non saranno ben lievitate ed elastiche. Lasciate raffreddare.

Sciogliere lo zucchero semolato nell'acqua a fuoco basso, mescolando continuamente, quindi portare a ebollizione e continuare a bollire, senza mescolare, fino a quando una goccia del composto forma una palla liscia quando viene fatta cadere nell'acqua fredda. Nel frattempo, sbattere gli albumi in una ciotola pulita fino a renderli fermi. Versare lo sciroppo sopra l'albume e sbattere fino a quando il composto è abbastanza denso da ricoprire il dorso di un cucchiaio. Unire le torte con uno strato di glassa, quindi distribuire il resto sulla parte superiore e sui lati della torta e decorare con metà di noce.

Torta di noci con crema al cioccolato

Fa una torta di 18 cm / 7 pollici

3 uova

75 g / 3 once / 1/3 di tazza di zucchero di canna morbido

50 g / 2 oz / ½ tazza di farina integrale (integrale)

25 g / 1 oz / ¼ di tazza di cacao in polvere (cioccolato non zuccherato)

Per la glassa (glassa):
150 g / 5 once / 1¼ tazze di cioccolato fondente (semidolce).

225 g / 8 once / 1 tazza di crema di formaggio a basso contenuto di grassi

45 ml / 3 cucchiai di zucchero a velo (da pasticcere), setacciato

75 g / 3 once / ¾ tazza di noci, tritate

15 ml / 1 cucchiaio di brandy (facoltativo)

Cioccolato grattugiato per decorare

Sbattere le uova e lo zucchero di canna fino a ottenere un composto chiaro e denso. Aggiungere la farina e il cacao. Versare il composto in due teglie (padelle) da 18 cm/7" imburrate e foderate e cuocere in forno preriscaldato a 190°C/375°F/gas mark 5 per 15-20 minuti fino a quando saranno ben sollevate ed elastiche al tatto. Togliere dagli stampini e lasciar raffreddare.

Sciogliere il cioccolato in una ciotola resistente al calore posta sopra una casseruola di acqua bollente. Togliere dal fuoco e aggiungere la crema di formaggio e lo zucchero a velo, quindi aggiungere le noci e il brandy, se lo si utilizza. Unire le torte insieme alla maggior parte del ripieno e spalmare il resto sopra. Guarnire con il cioccolato grattugiato.

Torta di noci con miele e cannella

Fa una torta di 23 cm / 9 pollici

225 g / 8 once / 2 tazze di farina semplice (per tutti gli usi)

10 ml / 2 cucchiaini di lievito per dolci

5 ml / 1 cucchiaino di bicarbonato di sodio (bicarbonato di sodio)

5 ml / 1 cucchiaino di cannella in polvere

un pizzico di sale

100 g / 4 once / 1 tazza di yogurt bianco

75 ml / 5 cucchiai di olio

100 g / 4 once / 1/3 di tazza di miele chiaro

1 uovo, leggermente sbattuto

5 ml / 1 cucchiaino di essenza di vaniglia (estratto)

Per il ripieno:
50 g / 2 once / ½ tazza di noci tritate

225 g / 8 once / 1 tazza di zucchero di canna morbido

10 ml / 2 cucchiaini di cannella in polvere

30 ml / 2 cucchiai di olio

Mescolare gli ingredienti secchi per la torta e fare un buco al centro. Sbattere gli altri ingredienti della torta e mescolare con gli ingredienti secchi. Mescolare gli ingredienti per il ripieno. Versare metà dell'impasto della torta in una tortiera da 23 cm imburrata e infarinata e cospargere con metà del ripieno. Aggiungi il restante composto per torte, quindi il ripieno rimanente. Cuocere in forno preriscaldato a 180°C/350°F/gas mark 4 per 30 minuti fino a quando non saranno ben sollevati e dorati e inizieranno a restringersi dai lati della padella.

Barrette di mandorle e miele

10 fa

15 g / ½ oz di lievito fresco o 20 ml / 4 cucchiaini di lievito secco

45 ml / 3 cucchiai di zucchero a velo (superfino)

120 ml / 4 fl oz / ½ tazza di latte caldo

300 g / 11 oz / 2¾ tazze di farina semplice (per tutti gli usi)

un pizzico di sale

1 uovo, leggermente sbattuto

50 g / 2 once / ¼ tazza di burro o margarina, ammorbidito

300 ml / ½ pt / 1¼ tazze di panna doppia (pesante)

30 ml / 2 cucchiai di zucchero a velo (da pasticcere), setacciato

45 ml / 3 cucchiai di miele chiaro

300 g / 11 oz / 2¾ tazze di mandorle a lamelle (affettate)

Mescolare il lievito, 5 ml / 1 cucchiaino di zucchero a velo e un po' di latte e lasciare in un luogo caldo per 20 minuti fino a ottenere un composto spumoso. Mescolare il resto dello zucchero con la farina e il sale e fare un buco al centro. Mescolare gradualmente l'uovo, il burro o la margarina, la miscela di lievito e il latte caldo rimanente e mescolare fino a che liscio. Impastare su una superficie leggermente infarinata fino a che liscio ed elastico. Mettere in una ciotola oliata, coprire con pellicola trasparente oliata (pellicola) e lasciare in un luogo caldo per 45 minuti fino a raddoppiare le dimensioni.

Riprendete l'impasto, poi stendetelo e mettetelo in una teglia (stagno) 30 x 20 cm unta, bucherellate il tutto con una forchetta, coprite e lasciate riposare in un luogo tiepido per 10 minuti.

Mettere 120 ml / 4 fl oz / ½ tazza di panna, zucchero a velo e miele in un pentolino e portare a ebollizione. Togliere dal fuoco e mescolare con le mandorle. Distribuire sull'impasto, quindi cuocere in forno preriscaldato a 200°C/400°F/gas mark 6 per 20 minuti fino a doratura ed elastico al tatto, coprendo con carta da forno (oleata) se la parte superiore inizia a dorare troppo presto. la fine della cottura. Spegnere e lasciare raffreddare.

Tagliare la torta a metà orizzontalmente. Montare a neve ben ferma la restante panna e distribuirla sulla metà inferiore della torta. Ricoprite con la metà della torta ricoperta di mandorle e tagliate a barrette.

Barrette sbriciolate di mele e ribes nero

12 fa

175 g / 6 once / 1½ tazza di farina semplice (per tutti gli usi)

5 ml / 1 cucchiaino di lievito in polvere

un pizzico di sale

175 g / 6 once / ¾ tazza di burro o margarina

225 g / 8 once / 1 tazza di zucchero di canna morbido

100 g / 4 once / 1 tazza di fiocchi d'avena

450 g / 1 libbra di mele da cuocere (torta), sbucciate, private del torsolo e affettate

30 ml / 2 cucchiai di farina di mais (amido di mais)

10 ml / 2 cucchiaini di cannella in polvere

2,5 ml / ½ cucchiaino di noce moscata grattugiata

2,5 ml / ½ cucchiaino di pimento macinato

Ribes nero da 225 g / 8 once

Mescolare insieme la farina, il lievito e il sale, quindi strofinare il burro o la margarina. Aggiungere lo zucchero e l'avena. Versane metà nella base di una tortiera quadrata di 9/25cm, imburrata e foderata. Mescolare le mele, l'amido di mais e le spezie e spalmare. Completare con il ribes nero. Versare il composto rimanente e livellare la parte superiore. Cuocere in forno preriscaldato a 180°C/350°F/gas mark 4 per 30 minuti fino a quando diventa elastico. Lasciate raffreddare, poi tagliate a barrette.

Barrette di albicocca e avena

Fa 24

75 g / 3 once / ½ tazza di albicocche secche

25 g / 1 oz / 3 cucchiai di uva sultanina (uvetta dorata)

250 ml / 8 fl oz / 1 tazza di acqua

5 ml / 1 cucchiaino di succo di limone

150 g / 5 once / 2/3 tazza di zucchero di canna morbido

50 g / 2 oz / ½ tazza di cocco essiccato (tritato)

50 g / 2 once / ½ tazza di farina semplice (per tutti gli usi)

2,5 ml / ½ cucchiaino di bicarbonato di sodio (bicarbonato di sodio)

100 g / 4 once / 1 tazza di fiocchi d'avena

50 g / 2 once / ¼ di tazza di burro, sciolto

Mettere le albicocche, l'uvetta, l'acqua, il succo di limone e 30 ml/2 cucchiai di zucchero di canna in una piccola casseruola e mescolare a fuoco basso finché non si addensa. Aggiungere il cocco e lasciar raffreddare. Mescolare la farina, il bicarbonato di sodio, l'avena e lo zucchero rimanente, quindi unire il burro fuso. Premere metà della miscela di avena sul fondo di una teglia quadrata da 20 cm unta, quindi distribuire sopra la miscela di albicocche. Coprire con la miscela di avena rimanente e premere leggermente. Cuocere in forno preriscaldato a 180°C/350°F/gas mark 4 per 30 minuti fino a doratura. Lasciate raffreddare, poi tagliate a barrette.

Crostata Di Albicocche

Fa 16

100 g / 4 oz / 2/3 tazza di albicocche secche pronte da mangiare

120 ml / 4 fl oz / ½ tazza di succo d'arancia

100 g / 4 once / ½ tazza di burro o margarina

75 g / 3 oz / ¾ tazza di farina integrale (integrale)

75 g / 3 once / ¾ tazza di fiocchi d'avena

75 g / 3 once / 1/3 di tazza di zucchero demerara

Immergere le albicocche nel succo d'arancia per almeno 30 minuti fino a renderle morbide, quindi scolarle e tritarle. Strofina il burro o la margarina nella farina fino a quando il composto non assomiglia al pangrattato. Aggiungere l'avena e lo zucchero. Premete metà del composto in una teglia da muffin 30 x 20 cm / 12 x 8 unta e cospargetela con le albicocche. Distribuire sopra il composto rimanente e premere delicatamente. Cuocere in forno preriscaldato a 180°C/350°F/gas mark 4 per 25 minuti fino a doratura. Lasciar raffreddare nello stampo prima di sformare e tagliare in barrette.

Barrette di banana con noci

circa 14 anni fa

50 g / 2 once / ¼ tazza di burro o margarina, ammorbidito

75 g / 3 once / 1/3 di tazza di zucchero a velo (superfino) o zucchero di canna morbido

2 banane grandi, tritate

175 g / 6 once / 1½ tazza di farina semplice (per tutti gli usi)

7,5 ml / 1 cucchiaino e mezzo di lievito in polvere

2 uova sbattute

50 g / 2 once / ½ tazza di noci, tritate

Crema di burro o margarina e zucchero. Schiacciate i platani e mescolateli al composto. Mescolare la farina e il lievito. Aggiungere la farina, le uova e le noci al composto di banane e sbattere bene. Versare in una tortiera da 18 x 28 cm / 7 x 11 unta e foderata, livellare la superficie e cuocere in forno preriscaldato a 160°C / 325°F / gas mark 3 per 30–35 minuti fino a quando non si rapprende. tocco Lasciare raffreddare qualche minuto nello stampo, quindi posizionarlo su una gratella per completare il raffreddamento. Tagliare in circa 14 barre.

Brownies americani

circa 15 anni fa

2 uova grandi

225 g / 8 once / 1 tazza di zucchero a velo (superfino)

50 g / 2 once / ¼ di tazza di burro o margarina, sciolti

2,5 ml / ½ cucchiaino di essenza di vaniglia (estratto)

75 g / 3 once / ¾ tazza di farina semplice (per tutti gli usi)

45 ml / 3 cucchiai di cacao in polvere (cioccolato non zuccherato)

2,5 ml / ½ cucchiaino di lievito in polvere

un pizzico di sale

50 g / 2 once / ½ tazza di noci, tritate

Sbattere le uova e lo zucchero fino a ottenere un composto denso e cremoso. Sbattere il burro e l'essenza di vaniglia. Setacciare insieme la farina, il cacao, il lievito e il sale e mescolare con le noci. Trasforma in una tortiera quadrata da 20 cm / 8 pollici ben unta. Cuocere in forno preriscaldato a 180°C/350°F/gas mark 4 per 40-45 minuti fino a quando non diventa elastico al tatto. Lasciare nella teglia per 10 minuti, quindi tagliare a quadrati e trasferire su una gratella mentre è ancora caldo.

Cioccolato fondente brownies

Fa circa 16

225 g / 8 once / 1 tazza di burro o margarina

175 g / 6 once / ¾ tazza di zucchero semolato

350 g / 12 oz / 3 tazze di farina autolievitante

30 ml / 2 cucchiai di cacao in polvere (cioccolato non zuccherato)

Per la glassa (glassa):
175 g / 6 once / 1 tazza di zucchero a velo (da pasticcere), setacciato

30 ml / 2 cucchiai di cacao in polvere (cioccolato non zuccherato)

Acqua bollente

Sciogliere il burro o la margarina, quindi aggiungere lo zucchero semolato. Aggiungere la farina e il cacao. Premere in una teglia foderata da 18 x 28 cm / 7 x 11 pollici. Cuocere in forno preriscaldato a 180°C/350°F/gas mark 4 per circa 20 minuti fino a quando non diventa elastico al tatto.

Per fare la glassa, setacciate in una ciotola lo zucchero a velo e il cacao e aggiungete un goccio di acqua bollente. Mescolare fino a quando non sarà ben amalgamato, aggiungendo un goccio d'acqua se necessario. Ghiaccia i brownies mentre sono ancora caldi (ma non bollenti), quindi lasciali raffreddare prima di tagliarli a quadrati.

Brownies al cioccolato e noci

12 fa

50 g / 2 oz / ½ tazza di cioccolato fondente (semidolce).

75 g / 3 once / 1/3 di tazza di burro o margarina

225 g / 8 once / 1 tazza di zucchero a velo (superfino)

75 g / 3 once / ¾ tazza di farina semplice (per tutti gli usi)

75 g / 3 once / ¾ tazza di noci, tritate

50 g / 2 once / ½ tazza di gocce di cioccolato

2 uova sbattute

2,5 ml / ½ cucchiaino di essenza di vaniglia (estratto)

Sciogli il cioccolato e il burro o la margarina in una ciotola resistente al calore posta sopra una pentola di acqua bollente. Togliere dal fuoco e aggiungere gli altri ingredienti. Mettere in una tortiera da 20 cm unta e foderata e cuocere in forno preriscaldato a 180°C / 350°F / gas mark 4 per 30 minuti fino a quando uno stecchino inserito al centro risulta pulito. . Lasciare raffreddare nello stampo, quindi tagliare a quadrati.

Barrette di burro

Fa 16

100 g / 4 once / ½ tazza di burro o margarina, ammorbidito

100 g / 4 oz / ½ tazza di zucchero a velo (superfino)

1 uovo, separato

100 g / 4 once / 1 tazza di farina semplice (per tutti gli usi)

25 g / 1 oz / ¼ di tazza di noci miste tritate

Crema di burro o margarina e zucchero fino a renderla leggera e spumosa. Mescolare il tuorlo d'uovo, quindi aggiungere la farina e le noci per ottenere un composto abbastanza denso. Se è troppo duro, aggiungi un po 'di latte; se è liquida, aggiungi un po 'più di farina. Mettere l'impasto in una teglia per rotoli svizzeri unta di 30 x 20 cm (teglia per rotoli di gelatina). Sbattere l'albume fino a renderlo spumoso e distribuirlo sul composto. Cuocere in forno preriscaldato a 180°C/350°F/gas mark 4 per 30 minuti fino a doratura. Lasciate raffreddare, poi tagliate a barrette.

vassoio di ciliegie e caramello

12 fa

100 g / 4 once / 1 tazza di mandorle

225 g / 8 once / 1 tazza di ciliegie glassate (candite), tagliate a metà

225 g / 8 once / 1 tazza di burro o margarina, ammorbidito

225 g / 8 once / 1 tazza di zucchero a velo (superfino)

3 uova sbattute

100 g / 4 once / 1 tazza di farina autolievitante

50 g / 2 oz / ½ tazza di mandorle tritate

5 ml / 1 cucchiaino di lievito in polvere

5 ml / 1 cucchiaino di essenza di mandorle (estratto)

Cospargi le mandorle e le ciliegie sulla base di una teglia da 20 cm unta e foderata. Sciogliere 50 g di burro o margarina con 50 g di zucchero, quindi versare sopra le ciliegie e le noci. Sbattere il resto del burro o della margarina e lo zucchero fino a ottenere un composto chiaro e spumoso, quindi sbattere le uova e unire la farina, le mandorle tritate, il lievito e l'essenza di mandorle. Versare il composto nello stampo e livellare la parte superiore. Cuocere in forno preriscaldato a 160°C/325°F/gas mark 3 per 1 ora. Lasciare raffreddare nella teglia per qualche minuto, quindi capovolgere con cura su una gratella, raschiando la parte superiore della carta fodera se necessario. Lasciate raffreddare completamente prima di tagliare.

vassoio con scaglie di cioccolato

Fa 24

100 g / 4 once / ½ tazza di burro o margarina, ammorbidito

100 g / 4 once / ½ tazza di zucchero di canna morbido

50 g / 2 oz / ¼ di tazza di zucchero a velo (superfino)

1 uovo

5 ml / 1 cucchiaino di essenza di vaniglia (estratto)

100 g / 4 once / 1 tazza di farina semplice (per tutti gli usi)

2,5 ml / ½ cucchiaino di bicarbonato di sodio (bicarbonato di sodio)

un pizzico di sale

100 g / 4 once / 1 tazza di gocce di cioccolato

Sbattere il burro o la margarina e gli zuccheri fino a renderli chiari e spumosi, quindi aggiungere gradualmente l'uovo e l'essenza di vaniglia. Aggiungere la farina, il bicarbonato di sodio e il sale. Aggiungere le gocce di cioccolato. Versare in una teglia quadrata da 25 cm/12 infarinata e unta e cuocere in forno preriscaldato a 190°C/375°F/gas mark 2 per 15 minuti fino a doratura. Lasciare raffreddare, quindi tagliare a quadrati.

strato di crumble alla cannella

12 fa

Per la base:

100 g / 4 once / ½ tazza di burro o margarina, ammorbidito

30 ml / 2 cucchiai di miele chiaro

2 uova, leggermente sbattute

100 g / 4 once / 1 tazza di farina semplice (per tutti gli usi)

Per il crumble:

75 g / 3 once / 1/3 di tazza di burro o margarina

75 g / 3 once / ¾ tazza di farina semplice (per tutti gli usi)

75 g / 3 once / ¾ tazza di fiocchi d'avena

5 ml / 1 cucchiaino di cannella in polvere

50 g / 2 once / ¼ di tazza di zucchero demerara

Crema di burro o margarina e miele fino a renderla leggera e soffice. Aggiungere gradualmente le uova e poi la farina. Versare metà del composto in una teglia quadrata da 20 cm unta e livellare la superficie.

Per fare il crumble, strofina il burro o la margarina nella farina fino a quando il composto non assomiglia al pangrattato. Aggiungere l'avena, la cannella e lo zucchero. Versare metà del crumble nella teglia, quindi ricoprire con il restante composto per torte, quindi il resto del crumble. Cuocere in forno preriscaldato a 190°C / 375°F / gas mark 5 per circa 35 minuti fino a quando uno stecchino inserito al centro risulta pulito. Lasciate raffreddare, poi tagliate a barrette.

bastoncini di cannella appiccicosi

Fa 16

225 g / 8 once / 2 tazze di farina semplice (per tutti gli usi)

10 ml / 2 cucchiaini di lievito per dolci

225 g / 8 once / 1 tazza di zucchero di canna morbido

15 ml / 1 cucchiaio di burro fuso

250 ml / 8 fl oz / 1 tazza di latte

30 ml / 2 cucchiai di zucchero demerara

10 ml / 2 cucchiaini di cannella in polvere

25 g / 1 oz / 2 cucchiai di burro, freddo e tagliato a dadini

Mescolare la farina, il lievito e lo zucchero. Aggiungere il burro fuso e il latte e mescolare bene. Premi il composto in due tortiere quadrate da 23 cm / 9 pollici. Cospargere la superficie con zucchero demerara e cannella, quindi premere pezzi di burro sulla superficie. Cuocere in forno preriscaldato a 180°C/350°F/gas mark 4 per 30 minuti. Il burro farà dei buchi nel composto e diventerà appiccicoso durante la cottura.

barrette al cocco

Fa 16

75 g / 3 once / 1/3 di tazza di burro o margarina

100 g / 4 once / 1 tazza di farina semplice (per tutti gli usi)

30 ml / 2 cucchiai di zucchero a velo (superfino)

2 uova

100 g / 4 once / ½ tazza di zucchero di canna morbido

un pizzico di sale

175 g / 6 once / 1½ tazza di cocco essiccato (tritato)

50 g / 2 once / ½ tazza di noci miste tritate

glassa all'arancia

Strofina il burro o la margarina nella farina fino a quando il composto non assomiglia al pangrattato. Aggiungere lo zucchero e premere in una teglia quadrata non unta da 23 cm / 9 pollici. Cuocere in forno preriscaldato a 190°C/350°F/gas mark 4 per 15 minuti fino a quando non si solidifica.

Mescolare le uova, lo zucchero di canna e il sale, quindi aggiungere il cocco e le noci e spalmare sulla base. Cuocere per 20 minuti fino a quando impostato e dorato. Ghiaccio con glassa all'arancia quando è freddo. Tagliare a barrette.

Panini al cocco e marmellata

Fa 16

25 g / 1 oz / 2 cucchiai di burro o margarina

175 g / 6 once / 1½ tazza di farina autolievitante

225 g / 8 once / 1 tazza di zucchero a velo (superfino)

2 tuorli d'uovo

75 ml / 5 cucchiai d'acqua

175 g / 6 once / 1½ tazza di cocco essiccato (tritato)

4 albumi d'uovo

50 g / 2 once / ½ tazza di farina semplice (per tutti gli usi)

100 g / 4 oz / 1/3 di tazza di marmellata di fragole (riserva)

Strofina il burro o la margarina nella farina autolievitante, quindi aggiungi 50 g / 2 once / ¼ di tazza di zucchero. Sbattere i tuorli e 45 ml/3 cucchiai d'acqua e unirli al composto. Premere sul fondo di una teglia per rotoli svizzeri unta 30 x 20 cm / 12 x 8 (teglia per rotoli di gelatina) e bucherellare con una forchetta. Cuocere in forno preriscaldato a 180°C/350°F/gas mark 4 per 12 minuti. Lasciate raffreddare.

Mettete il cocco, il resto dello zucchero e l'acqua e un albume in una padella e mescolate a fuoco basso fino a quando il composto diventa grumoso senza dorare. Lasciate raffreddare. Aggiungere la farina comune. Montare gli albumi rimanenti a neve, quindi incorporarli al composto. Spalmare la marmellata sulla base, quindi spalmare con la glassa al cocco. Cuocere in forno per 30 minuti fino a doratura. Lasciar raffreddare nello stampo prima di tagliare a barrette.

Teglia da forno con datteri e mele

12 fa

1 mela in cottura (torta), sbucciata, priva di torsolo e tritata

225 g / 8 once / 11/3 tazze di datteri snocciolati (snocciolati), tritati

150 ml / ¼ pt / 2/3 tazza di acqua

350 g / 12 once / 3 tazze di fiocchi d'avena

175 g / 6 once / ¾ tazza di burro o margarina, sciolti

45 ml / 3 cucchiai di zucchero demerara

5 ml / 1 cucchiaino di cannella in polvere

Mettere le mele, i datteri e l'acqua in una padella e cuocere a fuoco lento per circa 5 minuti fino a quando le mele sono morbide. Lasciate raffreddare. Mescolare avena, burro o margarina, zucchero e cannella. Versane metà in una tortiera quadrata da 20 cm unta e livella la superficie. Completare con la miscela di mele e datteri, quindi aggiungere la miscela di avena rimanente e livellare la superficie. Premere delicatamente. Cuocere in forno preriscaldato a 190°C/375°F/gas mark 5 per circa 30 minuti fino a doratura. Lasciate raffreddare, poi tagliate a barrette.

fette di datteri

12 fa

225 g / 8 once / 11/3 tazze di datteri snocciolati (snocciolati), tritati

30 ml / 2 cucchiai di miele chiaro

30 ml / 2 cucchiai di succo di limone

225 g / 8 once / 1 tazza di burro o margarina

225 g / 8 once / 2 tazze di farina integrale (integrale)

225 g / 8 once / 2 tazze di fiocchi d'avena

75 g / 3 once / 1/3 di tazza di zucchero di canna morbido

Cuocere a fuoco lento i datteri, il miele e il succo di limone per qualche minuto finché i datteri non saranno morbidi. Strofina il burro o la margarina nella farina e nell'avena fino a ottenere un composto simile al pangrattato, quindi aggiungi lo zucchero. Aiutandovi con un cucchiaio, versate metà del composto in una tortiera quadrata di 20cm/8, imburrata e foderata. Versare il composto di datteri sopra, quindi finire con il restante composto per torte. Premere con decisione. Cuocere in forno preriscaldato a 190°C/375°F/gas mark 5 per 35 minuti fino a quando non diventa elastico al tatto. Lasciar raffreddare nello stampo, tagliando a fette mentre è ancora caldo.

Bar per incontri con la nonna

Fa 16

100 g / 4 once / ½ tazza di burro o margarina, ammorbidito

225 g / 8 once / 1 tazza di zucchero di canna morbido

2 uova, leggermente sbattute

175 g / 6 once / 1½ tazza di farina semplice (per tutti gli usi)

2,5 ml / ½ cucchiaino di bicarbonato di sodio (bicarbonato di sodio)

5 ml / 1 cucchiaino di cannella in polvere

Un pizzico di chiodi di garofano macinati

Un pizzico di noce moscata grattugiata

175 g / 6 once / 1 tazza di datteri snocciolati (snocciolati), tritati

Crema di burro o margarina e zucchero fino a renderla leggera e spumosa. Aggiungere gradualmente le uova, sbattendo bene dopo ogni aggiunta. Aggiungi gli altri ingredienti fino a quando non saranno ben amalgamati. Versare in una teglia quadrata da 23 cm / 9 pollici unta e infarinata e cuocere in forno preriscaldato a 180°C / 350°F / gas mark 4 per 25 minuti fino a quando uno stecchino inserito al centro non esce pulito. Lasciate raffreddare, poi tagliate a barrette.

Barrette di datteri e avena

Fa 16

175 g / 6 once / 1 tazza di datteri snocciolati (snocciolati), tritati

15 ml / 1 cucchiaio di miele chiaro

30 ml / 2 cucchiai d'acqua

225 g / 8 once / 2 tazze di farina integrale (integrale)

100 g / 4 once / 1 tazza di fiocchi d'avena

100 g / 4 once / ½ tazza di zucchero di canna morbido

150 g / 5 once / 2/3 tazza di burro o margarina, sciolti

Cuocere a fuoco lento i datteri, il miele e l'acqua in una piccola casseruola finché i datteri non sono morbidi. Mescolare la farina, l'avena e lo zucchero, quindi unire il burro fuso o la margarina. Premere metà del composto in una tortiera quadrata da 18 cm unta, cospargere con il composto di datteri, quindi aggiungere il restante composto di avena e premere delicatamente. Cuocere in forno preriscaldato a 180°C/350°F/gas mark 4 per 1 ora fino a quando non diventa sodo e dorato. Lasciar raffreddare nello stampo, tagliando a barrette ancora calde.

Barrette di data e noce

12 fa

100 g / 4 once / ½ tazza di burro o margarina, ammorbidito

150 g / 5 once / 2/3 tazza di zucchero a velo (superfino).

1 uovo, leggermente sbattuto

100 g / 4 once / 1 tazza di farina autolievitante

225 g / 8 once / 11/3 tazze di datteri snocciolati (snocciolati), tritati

100 g / 4 once / 1 tazza di noci, tritate

15 ml / 1 cucchiaio di latte (facoltativo)

100 g / 4 once / 1 tazza di cioccolato fondente (semidolce).

Crema di burro o margarina e zucchero fino a renderla leggera e spumosa. Unire l'uovo, poi la farina, i datteri e le noci, aggiungendo un po' di latte se il composto risultasse troppo duro. Versare in una teglia unta da 30 x 20 cm / 12 x 8 pollici (teglia per rotoli di gelatina) e cuocere in forno preriscaldato a 180 ° C / 350 ° F / gas mark 4 per 30 minuti, finché non diventa elastico al tatto. Lasciate raffreddare.

Sciogliere il cioccolato in una ciotola resistente al calore posta sopra una casseruola di acqua bollente. Distribuire sopra il composto e lasciare raffreddare e solidificare. Tagliare a barrette con un coltello affilato.

barrette di fichi

Fa 16

225 g di fichi freschi, tritati

30 ml / 2 cucchiai di miele chiaro

15 ml / 1 cucchiaio di succo di limone

225 g / 8 once / 2 tazze di farina integrale (integrale)

225 g / 8 once / 2 tazze di fiocchi d'avena

225 g / 8 once / 1 tazza di burro o margarina

75 g / 3 once / 1/3 di tazza di zucchero di canna morbido

Cuocere a fuoco lento i fichi, il miele e il succo di limone per 5 minuti. Lascia raffreddare leggermente. Mescolare la farina e l'avena, quindi strofinare il burro o la margarina e aggiungere lo zucchero. Premere metà del composto in una teglia quadrata unta da 20 cm/8 pollici (stampo), quindi versare sopra il composto di fichi. Coprire con il restante composto per torte e premere con decisione. Cuocere in forno preriscaldato a 180°C/350°F/gas mark 4 per 30 minuti fino a doratura. Lasciar raffreddare nello stampo, poi affettare ancora caldo.

frittelle

Fa 16

75 g / 3 once / 1/3 di tazza di burro o margarina

50 g / 2 oz / 3 cucchiai di sciroppo d'oro (mais chiaro)

100 g / 4 once / ½ tazza di zucchero di canna morbido

175 g / 6 once / 1 tazza e mezzo di fiocchi d'avena

Sciogliere il burro o la margarina con lo sciroppo e lo zucchero, quindi aggiungere l'avena. Premere in una teglia quadrata unta da 20 cm/8 pollici e cuocere in forno preriscaldato a 180°C/350°F/gas mark 4 per circa 20 minuti fino a quando non saranno leggermente dorati. Lasciare raffreddare leggermente prima di tagliare in barrette, quindi lasciar raffreddare completamente nello stampo prima di sformare.

frittelle di ciliegie

Fa 16

75 g / 3 once / 1/3 di tazza di burro o margarina

50 g / 2 oz / 3 cucchiai di sciroppo d'oro (mais chiaro)

100 g / 4 once / ½ tazza di zucchero di canna morbido

175 g / 6 once / 1 tazza e mezzo di fiocchi d'avena

100 g / 4 once / 1 tazza di ciliegie glassate (candite), tritate

Sciogliere il burro o la margarina con lo sciroppo e lo zucchero, quindi aggiungere l'avena e le ciliegie. Premere in una tortiera quadrata unta da 20 cm/8 pollici (stagno) e cuocere in forno preriscaldato a 180°C/350°F/gas mark 4 per circa 20 minuti fino a quando non diventa leggermente dorato. Lasciare raffreddare leggermente prima di tagliare in barrette, quindi lasciar raffreddare completamente nello stampo prima di sformare.

frittella al cioccolato

Fa 16

75 g / 3 once / 1/3 di tazza di burro o margarina

50 g / 2 oz / 3 cucchiai di sciroppo d'oro (mais chiaro)

100 g / 4 once / ½ tazza di zucchero di canna morbido

175 g / 6 once / 1 tazza e mezzo di fiocchi d'avena

100 g / 4 once / 1 tazza di gocce di cioccolato

Sciogliere il burro o la margarina con lo sciroppo e lo zucchero, quindi aggiungere l'avena e le gocce di cioccolato. Premere in una tortiera quadrata unta da 20 cm/8 pollici (stagno) e cuocere in forno preriscaldato a 180°C/350°F/gas mark 4 per circa 20 minuti fino a quando non diventa leggermente dorato. Lasciare raffreddare leggermente prima di tagliare in barrette, quindi lasciar raffreddare completamente nello stampo prima di sformare.

frittelle di frutta

Fa 16

75 g / 3 once / 1/3 di tazza di burro o margarina

100 g / 4 once / ½ tazza di zucchero di canna morbido

50 g / 2 oz / 3 cucchiai di sciroppo d'oro (mais chiaro)

175 g / 6 once / 1 tazza e mezzo di fiocchi d'avena

75 g / 3 once / ½ tazza di uvetta, uvetta o altra frutta secca

Sciogliere il burro o la margarina con lo zucchero e lo sciroppo, quindi aggiungere l'avena e l'uvetta. Premere in una tortiera quadrata unta da 20 cm/8 pollici (stagno) e cuocere in forno preriscaldato a 180°C/350°F/gas mark 4 per circa 20 minuti fino a quando non diventa leggermente dorato. Lasciare raffreddare leggermente prima di tagliare in barrette, quindi lasciar raffreddare completamente nello stampo prima di sformare.

Frittelle di frutta e noci

Fa 16

75 g / 3 once / 1/3 di tazza di burro o margarina

100 g / 4 once / 1/3 di tazza di miele chiaro

50 g / 2 once / 1/3 di tazza di uvetta

50 g / 2 once / ½ tazza di noci, tritate

175 g / 6 once / 1 tazza e mezzo di fiocchi d'avena

Sciogliere il burro o la margarina con il miele a fuoco basso. Aggiungere l'uvetta, le noci e l'avena e mescolare bene. Versare in una tortiera quadrata da 23 cm/9 pollici unta (teglia) e cuocere in forno preriscaldato a 180°C/350°F/gas mark 4 per 25 minuti. Lasciar raffreddare nello stampo, tagliando a barrette ancora calde.

Flapjacks Di Pan Di Zenzero

Fa 16

75 g / 3 once / 1/3 di tazza di burro o margarina

100 g / 4 once / ½ tazza di zucchero di canna morbido

50 g / 2 oz / 3 cucchiai di sciroppo da un barattolo di gambo di zenzero

175 g / 6 once / 1 tazza e mezzo di fiocchi d'avena

4 pezzi di gambo di zenzero, tritati finemente

Sciogliere il burro o la margarina con lo zucchero e lo sciroppo, quindi aggiungere l'avena e lo zenzero. Premere in una tortiera quadrata unta da 20 cm/8 pollici (stagno) e cuocere in forno preriscaldato a 180°C/350°F/gas mark 4 per circa 20 minuti fino a quando non diventa leggermente dorato. Lasciare raffreddare leggermente prima di tagliare in barrette, quindi lasciar raffreddare completamente nello stampo prima di sformare.

Frittelle di noci

Fa 16

75 g / 3 once / 1/3 di tazza di burro o margarina

50 g / 2 oz / 3 cucchiai di sciroppo d'oro (mais chiaro)

100 g / 4 once / ½ tazza di zucchero di canna morbido

175 g / 6 once / 1 tazza e mezzo di fiocchi d'avena

100 g / 4 once / 1 tazza di noci miste tritate

Sciogliere il burro o la margarina con lo sciroppo e lo zucchero, quindi aggiungere l'avena e le noci. Premere in una tortiera quadrata unta da 20 cm/8 pollici (stagno) e cuocere in forno preriscaldato a 180°C/350°F/gas mark 4 per circa 20 minuti fino a quando non diventa leggermente dorato. Lasciare raffreddare leggermente prima di tagliare in barrette, quindi lasciar raffreddare completamente nello stampo prima di sformare.

Frollini taglienti al limone

Fa 16

100 g / 4 once / 1 tazza di farina semplice (per tutti gli usi)

100 g / 4 once / ½ tazza di burro o margarina, ammorbidito

75 g di zucchero a velo (da pasticcere), setacciato

2,5 ml / ½ cucchiaino di lievito in polvere

un pizzico di sale

30 ml / 2 cucchiai di succo di limone

10 ml / 2 cucchiaini di scorza di limone grattugiata

Mescolare la farina, il burro o la margarina, lo zucchero a velo e il lievito. Premere in una tortiera quadrata da 23 cm/9 pollici unta e cuocere in forno preriscaldato a 180°C/350°F/gas mark 4 per 20 minuti.

Mescolare gli ingredienti rimanenti e sbattere fino a ottenere un composto chiaro e spumoso. Mettere sulla base calda, ridurre la temperatura del forno a 160°C / 325°F / gas mark 3 e rimettere in forno per altri 25 minuti fino a quando non diventa elastico al tatto. Lasciare raffreddare, quindi tagliare a quadrati.

Quadrati Moka Al Cocco

20 fa

1 uovo

100 g / 4 oz / ½ tazza di zucchero a velo (superfino)

100 g / 4 once / 1 tazza di farina semplice (per tutti gli usi)

10 ml / 2 cucchiaini di lievito per dolci

un pizzico di sale

75 ml / 5 cucchiai di latte

75 g / 3 once / 1/3 di tazza di burro o margarina, sciolti

15 ml / 1 cucchiaio di cacao in polvere (cioccolato non zuccherato)

2,5 ml / ½ cucchiaino di essenza di vaniglia (estratto)

Per il condimento:
75 g di zucchero a velo (da pasticcere), setacciato

50 g / 2 once / ¼ di tazza di burro o margarina, sciolti

45 ml / 3 cucchiai di caffè nero forte caldo

15 ml / 1 cucchiaio di cacao in polvere (cioccolato non zuccherato)

2,5 ml / ½ cucchiaino di essenza di vaniglia (estratto)

25 g / 1 oz / ¼ di tazza di cocco essiccato (tritato)

Sbattere le uova e lo zucchero fino a renderle chiare e spumose. Aggiungere la farina, il lievito e il sale alternandoli al latte e al burro fuso o alla margarina. Aggiungere l'essenza di cacao e vaniglia. Versare il composto in una teglia quadrata da 20 cm / 8 pollici unta (teglia) e cuocere in forno preriscaldato a 200 ° C / 400 ° F / gas mark 6 per 15 minuti fino a quando non è ben sollevata ed elastica al tatto.

Per fare la copertura, mescolare lo zucchero a velo, il burro o la margarina, il caffè, il cacao e l'essenza di vaniglia. Distribuire sulla torta calda e cospargere di cocco. Lasciare raffreddare nello stampo, quindi sformare e tagliare a quadrati.

Ciao Dolly Biscotti

Fa 16

100 g / 4 once / ½ tazza di burro o margarina

Biscotto digestivo da 100 g / 4 oz / 1 tazza

(Graham cracker) briciole

100 g / 4 once / 1 tazza di gocce di cioccolato

100 g / 4 once / 1 tazza di cocco essiccato (tritato)

100 g / 4 once / 1 tazza di noci, tritate

400 g / 14 oz / 1 lattina grande di latte condensato

Sciogliere il burro o la margarina e aggiungere le briciole di biscotti. Premere il composto sul fondo di una tortiera da 28 x 18 cm / 11 x 7 unta e foderata di alluminio. Cospargere con le gocce di cioccolato, poi il cocco e infine le noci pecan. Versare sopra il latte condensato e cuocere in forno preriscaldato a 180°C / 350°F / gas mark 4 per 25 minuti. Tagliare a barrette ancora calde, quindi lasciar raffreddare completamente.

Barrette di cocco con noci e cioccolato

12 fa

75 g / 3 once / ¾ tazza di cioccolato al latte

75 g / 3 once / ¾ tazza di cioccolato fondente (semidolce).

75 g / 3 once / 1/3 di tazza di burro di arachidi croccante

75 g / 3 once / ¾ tazza di briciole di cracker digestivi (graham cracker)

75 g / 3 once / ¾ tazza di noci, tritate

75 g / 3 once / ¾ tazza di cocco essiccato (tritato)

75 g / 3 once / ¾ tazza di cioccolato bianco

Sciogliere il cioccolato al latte in una ciotola resistente al calore posta sopra una pentola di acqua bollente. Dividere sulla base di una tortiera quadrata da 23 cm / 7 pollici e lasciare solidificare.

Sciogli delicatamente il cioccolato naturale e il burro di arachidi a fuoco basso, quindi aggiungi le briciole di biscotti, le noci e il cocco. Distribuire sopra il cioccolato cagliato e raffreddare fino a quando non si solidifica.

Sciogliere il cioccolato bianco in una ciotola resistente al calore posta sopra una pentola di acqua bollente. Cospargi i biscotti in uno schema, quindi lasciali solidificare prima di tagliarli in barre.

quadretti di noce

12 fa

75 g / 3 once / ¾ tazza di cioccolato fondente (semidolce).

50 g / 2 once / ¼ di tazza di burro o margarina

100 g / 4 oz / ½ tazza di zucchero a velo (superfino)

2 uova

5 ml / 1 cucchiaino di essenza di vaniglia (estratto)

75 g / 3 once / ¾ tazza di farina semplice (per tutti gli usi)

2,5 ml / ½ cucchiaino di lievito in polvere

100 g / 4 once / 1 tazza di noci miste tritate

Sciogliere il cioccolato in una ciotola resistente al calore sopra una casseruola di acqua bollente. Aggiungere il burro fino a quando non si scioglie, quindi aggiungere lo zucchero. Togliere dal fuoco e sbattere le uova e l'essenza di vaniglia. Aggiungere la farina, il lievito e le noci. Versare il composto in una teglia quadrata da 25 cm unta e cuocere in forno preriscaldato a 180°C / 350°F / gas mark 4 per 15 minuti fino a doratura. Tagliare a cubetti ancora caldi.

Fette di arancia noce

Fa 16

375 g / 13 once / 3¼ tazze di farina semplice (per tutti gli usi)

275 g / 10 once / 1¼ tazze di zucchero a velo (superfino).

5 ml / 1 cucchiaino di lievito in polvere

75 g / 3 once / 1/3 di tazza di burro o margarina

2 uova sbattute

175 ml / 6 fl oz / ¾ tazza di latte

200 g / 7 once / 1 barattolo piccolo di mandarini, scolati e tritati grossolanamente

100 g / 4 once / 1 tazza di noci pecan, tritate

Scorza finemente grattugiata di 2 arance

10 ml / 2 cucchiaini di cannella in polvere

Mescolare 325 g / 12 once / 3 tazze di farina, 225 g / 8 once / 1 tazza di zucchero e il lievito. Sciogliere 50 g di burro o margarina e aggiungere le uova e il latte. Mescolare delicatamente il liquido negli ingredienti secchi fino a che liscio. Aggiungere i mandarini, le noci pecan e la scorza d'arancia. Versare in una teglia unta e foderata 30 x 20 cm / 12 x 8. Strofinare la farina rimanente, lo zucchero, il burro e la cannella e cospargere sulla torta. Cuocere in forno preriscaldato a 180°C/350°F/gas mark 4 per 40 minuti fino a doratura. Lasciare raffreddare nella teglia, quindi tagliare in circa 16 fette.

Biscotto

fa 16 quadrati

100 g / 4 once / ½ tazza di strutto (ghee)

100 g / 4 once / ½ tazza di burro o margarina

75 g / 3 once / 1/3 di tazza di zucchero di canna morbido

100 g / 4 once / 1/3 di tazza di sciroppo d'oro (mais chiaro)

100 g / 4 once / 1/3 di tazza di melassa di coccio nero (melassa)

10 ml / 2 cucchiaini di bicarbonato di sodio (bicarbonato di sodio)

150 ml / ¼ pt / 2/3 tazza di latte

225 g / 8 once / 2 tazze di farina integrale (integrale)

225 g / 8 once / 2 tazze di avena

10 ml / 2 cucchiaini di zenzero macinato

2,5 ml / ½ cucchiaino di sale

Sciogliere lo strutto, il burro o la margarina, lo zucchero, lo sciroppo e la melassa in una padella. Sciogliere il bicarbonato di sodio nel latte e mescolare nella padella con gli altri ingredienti. Versare in una tortiera quadrata da 20 cm/8 pollici unta e foderata e cuocere in forno preriscaldato a 160°C/325°F/gas mark 3 per 1 ora fino a quando non si solidifica. Può affondare nel mezzo. Lasciare raffreddare, quindi conservare in un contenitore ermetico per alcuni giorni prima di tagliare a cubetti e servire.

barrette al burro di arachidi

Fa 16

100 g / 4 once / 1 tazza di burro o margarina

175 g / 6 once / 1¼ tazze di farina semplice (per tutti gli usi)

175 g / 6 once / ¾ tazza di zucchero di canna morbido

75 g / 3 once / 1/3 di tazza di burro di arachidi

un pizzico di sale

1 tuorlo d'uovo piccolo, sbattuto

2,5 ml / ½ cucchiaino di essenza di vaniglia (estratto)

100 g / 4 once / 1 tazza di cioccolato fondente (semidolce).

50 g / 2 oz / 2 tazze di cereali di riso soffiato

Strofina il burro o la margarina nella farina fino a quando il composto non assomiglia al pangrattato. Aggiungere lo zucchero, 30 ml/2 cucchiai di burro di arachidi e il sale. Aggiungere il tuorlo d'uovo e l'essenza di vaniglia e mescolare fino a quando non saranno ben amalgamati. Premere in una tortiera quadrata da 25 cm / 10 pollici. Cuocere in forno preriscaldato a 160°C/325°F/gas mark 3 per 30 minuti fino a quando non è lievitato ed elastico al tatto.

Sciogliere il cioccolato in una ciotola resistente al calore sopra una casseruola di acqua bollente. Togliere dal fuoco e aggiungere il restante burro di arachidi. Aggiungere i cereali e mescolare bene fino a ricoprirli con il composto di cioccolato. Versare sulla torta e livellare la superficie. Lasciar raffreddare, raffreddare e tagliare a barrette.

fette da picnic

12 fa

225 g / 8 once / 2 tazze di cioccolato fondente (semidolce).

50 g / 2 once / ¼ tazza di burro o margarina, ammorbidito

100 g / 4 once / ½ tazza di zucchero a velo

1 uovo, leggermente sbattuto

100 g / 4 once / 1 tazza di cocco essiccato (tritato)

50 g / 2 oz / 1/3 di tazza di uva sultanina (uvetta dorata)

50 g di ciliegie glassate (candite), tritate

Sciogliere il cioccolato in una ciotola resistente al calore posta sopra una casseruola di acqua bollente. Versare sul fondo di una teglia per muffin da 30 x 20 cm (12 x 8) imburrata e foderata. Crema di burro o margarina e zucchero fino a renderla leggera e spumosa. Aggiungere gradualmente l'uovo, quindi mescolare il cocco, l'uvetta e le ciliegie. Distribuire sopra il cioccolato e cuocere in forno preriscaldato a 150°C/300°F/gas mark 3 per 30 minuti fino a doratura. Lasciate raffreddare, poi tagliate a barrette.

Barrette di ananas e cocco

20 fa

1 uovo

100 g / 4 oz / ½ tazza di zucchero a velo (superfino)

75 g / 3 once / ¾ tazza di farina semplice (per tutti gli usi)

5 ml / 1 cucchiaino di lievito in polvere

un pizzico di sale

75 ml / 5 cucchiai d'acqua

Per il condimento:

200 g / 7 oz / 1 barattolo piccolo di ananas, scolato e tritato

25 g / 1 oz / 2 cucchiai di burro o margarina

50 g / 2 oz / ¼ di tazza di zucchero a velo (superfino)

1 tuorlo d'uovo

25 g / 1 oz / ¼ di tazza di cocco essiccato (tritato)

5 ml / 1 cucchiaino di essenza di vaniglia (estratto)

Sbattere l'uovo e lo zucchero fino a che liscio e pallido. Aggiungere la farina, il lievito e il sale alternandoli all'acqua. Versare in una tortiera quadrata imburrata e infarinata e cuocere in forno preriscaldato a 200°C/400°F/gas mark 6 per 20 minuti fino a quando non sarà ben lievitata e elastica al tatto. Versare l'ananas sulla torta calda. Scaldare gli ingredienti rimanenti in una piccola casseruola a fuoco basso, mescolando continuamente fino a quando non saranno ben amalgamati senza portare a ebollizione la miscela. Versare l'ananas sopra l'ananas, quindi rimettere la torta in forno per altri 5 minuti fino a quando la copertura sarà dorata. Lasciare raffreddare nello stampo per 10 minuti, quindi posizionare su una gratella per completare il raffreddamento prima di tagliare in barrette.

torta di lievito di prugne

Fa 16

15 g / ½ oz di lievito fresco o 20 ml / 4 cucchiaini di lievito secco

50 g / 2 oz / ¼ di tazza di zucchero a velo (superfino)

150 ml / ¼ pt / 2/3 tazza di latte caldo

50 g / 2 once / ¼ di tazza di burro o margarina, sciolti

1 uovo

1 tuorlo d'uovo

250 g / 9 once / 2¼ tazze di farina semplice (per tutti gli usi)

5 ml / 1 cucchiaino di scorza di limone finemente grattugiata

675 g / 1½ lb di prugne, squartate e snocciolate (snocciolate)

Zucchero a velo (da pasticceria), setacciato, per spolverare

Cannella in polvere

Mescolare il lievito con 5 ml/1 cucchiaino di zucchero e un po' di latte tiepido e lasciare in un luogo tiepido per 20 minuti fino a ottenere un composto spumoso. Sbattere il resto dello zucchero e del latte con il burro fuso o la margarina, l'uovo e il tuorlo. Mescolare la farina e la scorza di limone in una ciotola e fare un buco al centro. Incorporare gradualmente il composto di lievito e il composto di uova per formare un impasto liscio. Sbattere fino a quando la pastella è molto liscia e le bolle iniziano a formarsi sulla superficie. Pressare delicatamente in uno stampo quadrato da 25 cm infarinato e imburrato (stampo). Metti le prugne insieme sopra l'impasto. Coprire con pellicola trasparente oleata (pellicola) e lasciare in un luogo caldo per 1 ora fino a quando raddoppia di volume. Mettere in un forno preriscaldato a 200°C/400°F/gas mark 6, quindi ridurre immediatamente la temperatura del forno a 190°C/375°F/gas mark 5 e cuocere per 45 minuti. Ridurre nuovamente la temperatura del forno a 180°C/350°F/gas mark 4 e cuocere per altri 15 minuti fino a doratura. Spolverizzate la torta con lo zucchero a velo e la cannella mentre è ancora calda, fatela raffreddare e tagliatela a quadretti.

barrette di zucca americane

20 fa

2 uova

175 g / 6 once / ¾ tazza di zucchero a velo (superfino)

120 ml / 4 fl oz / ½ tazza di olio

8 once / 225 g di zucca, cotta e tagliata a cubetti

100 g / 4 once / 1 tazza di farina semplice (per tutti gli usi)

5 ml / 1 cucchiaino di lievito in polvere

5 ml / 1 cucchiaino di cannella in polvere

2,5 ml / ½ cucchiaino di bicarbonato di sodio (bicarbonato di sodio)

50 g / 2 oz / 1/3 di tazza di uva sultanina (uvetta dorata)

Glassa Di Formaggio Cremoso

Sbattere le uova fino a renderle chiare e spumose, quindi aggiungere lo zucchero e l'olio e aggiungere la zucca. Sbatti insieme la farina, il lievito, la cannella e il bicarbonato di sodio fino a quando non saranno ben amalgamati. Aggiungere l'uva sultanina. Versare il composto in uno stampo per muffin svizzeri da 30 x 20 cm / 12 x 8 infarinato e unto e cuocere in forno preriscaldato a 180°C / 350°F / gas mark 4 per 30 minuti. inserito al centro esce pulito. Lasciare raffreddare, spennellare con la glassa al formaggio cremoso e tagliare a barrette.

www.ingramcontent.com/pod-product-compliance
Lightning Source LLC
Chambersburg PA
CBHW071141080526
44587CB00013B/1709